105 Impulse für mehr Wohlbefinden und Motivation

Michael von Kunhardt

105 Impulse für mehr Wohlbefinden und Motivation

K|V|M

Die Deutsche Nationalbibliothek verzeichnet diese Publikation in der Deutschen Nationalbibliografie; detaillierte bibliografische Daten sind im Internet über https://dnb.ddb.de abrufbar.

Michael von Kunhardt
105 Impulse für mehr Wohlbefinden und Motivation

1. Auflage 2024
KVM-Verlag in der Quintessenz Verlags-GmbH
Postfach 42 04 52; D–12064 Berlin
Ifenpfad 2–4, D–12107 Berlin

Lektorat: Renate Mannaa, Berlin
Gesamtherstellung: Quintessenz Verlags-GmbH, Berlin
Druck: GZH d.o.o. (www.gzh.hr), Zagreb

Printed in Croatia
ISBN 978-3-86867-677-8

www.kvm-verlag.de

Für Sandra

„

Glücklichsein
ist der
größte Erfolg
im Leben.

Michael von Kunhardt

Vorwort

Wie können wir gemeinsam Themen rund um „mentale Stärke" in die Welt bringen? Das haben Andreas Holz sowie Holger Schröder vom Radiosender RPR1 und ich uns überlegt, als wir uns vor einigen Jahren in der RPR1-Sendezentrale trafen.

Ein Talk-Gast als Experte zu mentaler Stärke in der einen oder anderen Sendung wäre sicher eine Option, aber etwas Regelmäßiges jedoch interessanter, stellten wir schnell fest. „Dann lass uns mal über ein eigenes Format mit dir nachdenken", meinte Andreas und bat mich, meine Kernthemen kurz zu beschreiben. Also stellte ich meine Arbeit in ein paar Sätzen vor. Ich werde als Coach und Redner für mentale Stärke von Firmen und Profisportlern engagiert und in meiner Akademie ist mentale Stärke ebenfalls der klare Schwerpunkt. Letztlich vermittele ich Einzelpersonen und Teams für deren jeweilige Haltung Lösungsorientierung, Positivität und Optimismus. Das führt zu gesteigertem Wohlbefinden und Motivation, um die eigene Lebenszeit mit einem guten Gefühl selbstwirksam zu nutzen.

Andreas und Holger waren sich sofort einig, dass diese thematischen Impulse sehr gut zu einem beschwingten Start in eine neue Woche passen – eine Motivation für den Montagmorgen und Sich-einfach-Wohlfühlen. Holger hatte auch gleich den passenden Slogan parat: „Dann bist du ab sofort unser MONtivator – unser positiver Impulsgeber für die Montagsmotivation!“ Wir schauten uns an und wussten sofort – das ist es und das machen wir!

Mittlerweile sind aus dieser Idee mehrere hunderte Radiobeiträge entstanden. Die MONtivator-Impulse sind so beliebt, dass sie nicht nur jeden Montagmorgen mit stets neuen Themen über den Sender laufen, sondern während der Woche zur Festigung sogar hier und da wiederholt werden. Denn die Impulse gelten natürlich nicht nur für den Montag, sondern sind an jedem Wochentag und zu jeder Jahreszeit, letztlich zeitlos und ein Leben lang nutzbar. Daher sind sie nun in starker Anlehnung an 105 gesendete Radiobeiträge in diesem Buch verschriftlicht. Eine positive Motivation für das eigene Leben in Zusammenspiel mit persönlichem Wohlbefinden ist eine wunderbare Konstellation. Wenn wir jedoch einen Blick auf unsere Gesellschaft werfen, scheinen die Personen, die motiviert leben und sich dabei wohlfühlen, deutlich in der Minderheit zu sein. Welche eine Verschwendung an Lebensqualität! Haben wir doch so viele Möglichkeiten, allein durch ein geeignetes Mindset unser Maß an Motivation und Wohlbefinden erheblich zu steigern.

Doch wie ist das möglich? Genau damit beschäftigen wir uns in diesem Buch und dazu erhältst du Methoden an die Hand, die dich für eine erfolgreiche Umsetzung erheblich unterstützen! Dieses Buch gibt dir auf eine leicht zugängliche und verblüffend einfache Art und Weise Gedankenanstöße, um motiviert durch das Leben zu schreiten und dich dabei zugleich wohlzufühlen.

Um dir den Einstieg in die mentale Welt der wohltuenden Entwicklung zu ebnen, habe ich in diesem Buch meine seit Jahrzehnten erfolgreich angewandten Impulse und Methoden zusammengestellt. Wenn du eine hohe Motivation und Wohlbefinden wirklich (er)leben und genießen willst und die Impulse konsequent anwendest, werden sie dir helfen, mit Schwung und Freude zu leben. Du erhältst eine deutliche Unterstützung, deine Potenziale zur Entfaltung zu bringen sowie Zweifel, Hürden und Konflikte zu meistern, um deine Zukunft selbstwirksam zu gestalten.

Probiere es aus und tauche ein in eine spannende Welt. Es bringt Spaß, steigert deine Motivation und sorgt für ein grandioses Wohlbefinden.

Ich wünsche dir Neugier auf neue Erfahrungen, Mut, hin und wieder über deinen Schatten zu springen, und Freude an deiner Lebensgestaltung. Nicht zuletzt freue ich mich auch auf dein Feedback.

Inhalt

Kapitel 3

Kapitel 4

1
Das Fundament für dein persönliches Wohlbefinden

Du kennst es sicherlich auch, dass deine Gedanken häufig wie ein Pendel zwischen der Vergangenheit und der Zukunft hin und her schweifen: „Was hätte ich anderes sagen können, um die Situation besser zu meistern?" „Wäre ich dort, wo ich heute bin, wenn ich mich damals nur anders entschieden hätte?" Und: „Wie verhalte ich mich beim nächsten Mal, um andere Situationen in mein Leben zu ziehen?"

Zugleich stressen wir unser muskuläres und neuronales System nicht nur durch unsere sabotierenden Selbstbeurteilungen, sondern auch durch ungesunde Lebens- und Verhaltensweisen.

Durch den permanenten Wechsel zwischen Vergangenheit und Zukunft vergessen wir meistens eine ganz wichtige Sache, den gegenwärtigen Moment. Nur in diesem sind wir handlungsfähig, können fühlen und haben die Fähigkeit, Dinge zu verändern. Umso wichtiger ist es, jeden Moment mit Leben zu füllen, ihn so positiv wie möglich zu gestalten und im Hier und Jetzt anzukommen.

Deshalb möchte ich dir wirksame Wege aufzeigen, die dir dabei helfen, bei dir selbst anzukommen und dich mit dir zu verbinden – ganzheitlich!

#1

Dankbarkeit

Du hast dich auf einen Wettbewerb, eine Prüfung oder einen wichtigen Geschäftstermin sehr gut vorbereitet und auf einmal wirst du dennoch so richtig nervös. Im mentalen Coaching ist Nervosität ein großes Thema. Doch warum sind wir eigentlich, wenn wir uns einer Herausforderung stellen, nervös und vor allem: Wie können wir die Nervosität reduzieren oder verhindern?

Natürlich steckt hinter der Aufregung unser bekanntes Streben nach Anerkennung und die damit verbundene fehlende Bereitschaft zu scheitern. So weit, so nicht wirklich gut. Verblüffend ist jedoch, dass wir eine ganz simple Methode anwenden können, um die Nervosität erheblich in den

Griff zu bekommen. Wir alle können diese Methode nutzen. Wir kennen sie und wenden sie dennoch viel zu wenig an.

Ich spreche von der Dankbarkeit.

Sei dankbar für das, was gut ist, gut war oder gut werden kann. Zahlreiche Topsportler, die trotz ihrer mentalen Qualitäten mit zu viel Nervosität zu kämpfen hatten, konnten durch das gezielte Aktivieren ihrer Dankbarkeit ihr Stresslevel erheblich reduzieren.

Zudem wäre es eine Verschwendung an positiver Energie, wenn wir die Dankbarkeit nur aktivieren, wenn wir sie dringend benötigen. Also schau mal, ob du sie dauerhaft mit an Bord nehmen kannst, sozusagen als blinder Passagier oder auf Stand-by. Das tut gut, erleichtert und befreit.

Ich wünsche dir in jedem Fall von ganzem Herzen viel Erfolg und Freude für das Dankbarkeitsfestival deines Lebens.

#2

Eine ordentliche Portion Selbstvertrauen

Damit eine Sportlerin, ein Sportler oder ein Team im Sport Erfolg haben, sind mentale Qualitäten eine wichtige Voraussetzung. Die wichtigste aller sogenannten Siegermentalitäten ist mit großem Abstand das **Selbst-vertrauen.** Dabei geht es darum, sich eben selbst zu vertrauen. Die Vorstufe zum Selbstvertrauen ist wiederum das **Selbst-bewusst-sein** und bedeutet etwas ganz anderes: nämlich zunächst, sich seiner selbst bewusst zu sein.

Mit einem stimmigen Selbst-bewusst-sein findet eine Klärung statt: „Was kann ich gut, was habe ich noch zu lernen …?“ Doch hier scheitern bereits viele Menschen aufgrund von Über- oder Unterschätzung. Also geht es darum, sich zunächst schonungslos zu reflektieren, damit aus einem gesunden Selbst-bewusst-sein das Vertrauen in sich selbst auch wirklich entstehen kann. Wenn du das hast, dann kannst du jetzt, egal wo du stehst, an dir arbeiten, um dich weiterzuentwickeln.

Im nächsten Schritt sprechen wir über das **Selbst-verständnis,** denn nun kommen deine Überzeugungen ins Spiel. Deine Werte, dein Charakter, deine Ethik und vielleicht hast du ja sogar bereits eine Berufung oder eine Mission, die du in die Welt tragen möchtest.

Die höchste Stufe dieser wunderbaren Entwicklungskette bildet dann der **Selbst-wert,** den wir bei vielen erfolgreichen Menschen deutlich erkennen können, weil sie eben konsequent die beschriebenen Entwicklungsschritte absolviert haben.

Es tut gut, aus einer Klarheit mit Überzeugungen ins Handeln zu kommen und sich dabei selbst zu vertrauen.

#3

Bewusste Rituale

Hast du ein bewusstes Ritual? Etwas, das du jeden Tag oder in bestimmten Situationen gezielt einsetzt? Welchen Sinn und Zweck haben Rituale eigentlich?

Zum einen handelt es sich bei Ritualen um gesellschaftliche Gepflogenheiten. Rituale sind jedoch auch auf der individuellen Ebene zu finden. Wir können sie selbst kreieren, steuern und zielgerichtet nutzen. Rituale geben Sicherheit, Halt und Orientierung. Viele Topsportler arbeiten unbewusst, aber auch sehr bewusst genau aus diesem Grund mit Ritualen.

Tennis-Superstar Rafael Nadal stellt seine Trinkflaschen nach einer ganz bestimmten Ordnung auf, die auch die Balljungen auf keinen Fall ändern dürfen. Zudem betritt er die weißen Linien zwischen den Ballwechseln nicht, genau wie es früher die Tennislegende John McEnroe auf teilweise kuriose Art und Weise auch schon vermieden hat.

Für die Zuschauer wirkt es wie ein Tick und das ist es vielleicht auch. Die meisten Sportler empfinden es jedoch als Stärkung, wenn sie eine wiederkehrende Handlungsweise nutzen. Auch wir können diese Methode gezielt im Alltag nutzen und uns z. B. um unsere körperliche und mentale Gesundheit kümmern.

Ich selbst habe seit Jahrzehnten ein Morgenritual: Ich verlasse nie das Haus ohne meine Aktivierungs- und Elastizitätsübungen, in die ich u. a. den Sonnengruß, eine energetisierende Übung aus dem Yoga, einbinde. Das erfrischt, tut gut und richtet mich für den Tag aus. Ein Ritual lässt sich auch auf der geistigen und seelischen Ebene anwenden, wenn du dich beispielsweise mit dir selbst verabredest, um bewusst eine 10-minütige, beruhigende Kommunikations- und Handlungspause zu haben.

Der Fantasie sind bei der Ritualfindung keine Grenzen gesetzt. Schau doch einfach mal, welches Ritual für dich gut wäre und probiere es gleich aus!

#4

Deine kreative Ader

Kreativ sein kann jeder – oft fehlt uns nur die synaptische Schulung dafür. Wie wär's daher mit einem Kreativitätsimpuls? Ich lade dich auf ein Rätsel ein, um die Kreativität im Hirn zu aktivieren. Wenn du gerade ein Blatt Papier und einen Stift zur Hand hast, mache am besten gleich mit:

Bitte zeichne ein Quadrat mit etwas Platz zu allen Seiten des Blattes oder stelle es dir vor.

- Auf der oberen Begrenzungsseite des Quadrates markiere drei Punkte, einen ganz links, einen ganz rechts und einen genau in der Mitte. Auf der unteren Begrenzungsseite machst du das Gleiche. Nun zeichnest du noch drei weitere Punkte, sozusagen auf der Mittellinie des Quadrats. Einen wieder ganz links, einen ganz rechts und einen genau in der Mitte. Du hast nun neun Punkte, die sich alle im gleichen Abstand zueinander befinden.
- Jetzt die Aufgabe: Verbinde diese neun Punkte mit exakt vier geraden Strichen (also keine Kurven!), ohne den Stift abzusetzen.
- Das ist nicht einfach und die meisten Menschen benötigen mindestens fünf Striche, um jeden Punkt einmal zu erreichen.

- Wenn du die Lösung selbst finden möchtest, dann lege das Buch zur Seite und versuche, die Aufgabe zu entschlüsseln.
- Wenn du den Lösungsweg doch lieber erfahren möchtest, dann lese jetzt gerne weiter.

Der Kniff bei der Sache: Du musst bei zwei Strichen über das Quadrat hinauszeichnen, dann funktioniert es. Wir müssen also das verlassen, was wir sehen. Die meisten Personen denken, sie müssen beim Lösen der Aufgabe im Quadrat bleiben. Das hat aber niemand gesagt und wäre eben Standard – nichts Neues. Kleine Kinder lösen diese Aufgabe oft leichter als Erwachsene, weil sie radikaler und rebellischer denken, und gerne malen sie auch mal über das Blatt weit hinaus, kreuz und quer bis über den Tisch. Sie begrenzen sich nicht. Wir brauchen eine positive Experimentierfreude – gerade heutzutage, weil sich die Möglichkeiten durch den leichteren Zugang zum Wissen erhöhen. Einer der erfolgreichsten und fleißigsten Songwriter aller Zeiten, Bob Dylan, wurde mal gefragt, worin er den Sinn des Lebens sehe. Seine Antwort: „Etwas zu erschaffen, zu gestalten!"

Mache jeden Tag irgendetwas Kreatives! Das beschwingt, stärkt das Selbstvertrauen und macht das Leben erst richtig lebendig!

Ich wünsche dir viel Erfolg und Freude beim Erschaffen und kreativen Gestalten deiner Lebenszeit.

#5

Eine positive Haltung

Wie sollten wir durchs Leben schreiten? Meine Antwort, ganz klar – unbedingt mit einer positiven Haltung aus mindestens drei Gründen.

Mit einer positiven Haltung lassen sich mögliche Chancen deutlich besser identifizieren. Wenn wir etwas lösen wollen, dann brauchen wir Positivität. Wenn jemand eine Firma erfolgreich aufbauen will, dann geht das nicht mit Schwarzmalerei. Wenn im Sport gegen den Champion gewonnen wer-

den soll, dann wird auch das natürlich eher funktionieren, wenn eine positive und ambitionierte Grundhaltung gegeben ist.

Zukunftspläne und Ziele sollten aus mentaler Sicht immer eine positive Ausrichtung haben. Wenn der Elfmeterschütze im Fußball denkt: „Bloß nicht vorbeischießen!", dann ist das ein schwerwiegender Fehler, weil wir Verneinungen wie „nicht, nie, niemals" gedanklich in den Hintergrund schieben. Was bleibt, ist „vorbeischießen". Besser wäre beispielsweise: „Ich schieße den Ball rechts unten rein!"

Formuliere daher nicht das, was du nicht willst, sondern das, was du willst!

Ganz am Ende halte ich es mit Bergsteiger Reinhold Messner, der gesagt hat: „Das Leben ist eine Strecke zwischen Geburt und Tod und die versuche ich, so gut es geht, zu nutzen." Recht hat er. Solange wir uns im Alltag, im Job um Alternativen bemühen können, wie auch immer diese aussehen, kann ich aus mentaler Sicht nur wünschen:

Bleibe positiv oder werde positiv!

#6

Ein ganz persönliches Vorbild

Gerade in anspruchsvollen Situationen kann es hilfreich sein, sich an anderen Personen zu orientieren. Sind wir denn prinzipiell gut beraten, uns Vorbilder zu suchen, oder sollten wir lieber bei uns bleiben?

Die Antwort ist: „Weder … noch beziehungsweise sowohl … als auch."

In meiner Zusammenarbeit mit vielen erfolgreichen Sportlern konnte ich immer wieder feststellen, dass die meisten von ihnen sich vor allem in ihrer Jugend an Vorbildern orientierten. Insofern: Ja – das ist absolut richtig und kann förderlich und hilfreich sein.

Eine Sache ist dabei jedoch besonders wichtig und es ist mir ein Anliegen, diese klar hervorzuheben. Wenn du ein Vorbild suchst oder hast, dann sollte die Vorbildfunktion vor allem auf einen Teilbereich begrenzt sein.

Um dies an populären Personen zu verdeutlichen, könnte man sagen: „Reinhold Messner ist mein Vorbild für das Thema Abenteuergeist, der Dalai Lama für Optimismus und Steve Jobs für die Markenetablierung." Insofern empfehle ich einen für dich geeigneten Vorbildmix. Dadurch behältst du dir genügend Raum für deine eigene Identität und Entwicklung. Die Vorbilder fungieren als Impulsgeber. Wir sollten sie jedoch nicht kopieren, denn dann bleiben wir mit unserer

Identität und Selbstwirksamkeit auf der Strecke. Wir tun gut daran, unseren eigenen Stil, unsere eigene Methode, unseren ganz persönlichen Lebensfahrplan zu kreieren.

Und wenn du vor Zutrauen in dich selbst nur so strotzt, dann kannst du es natürlich auch halten, wie der schwedische Fußballstar Zlatan Ibrahimovic, der mal auf die Frage „Herr Ibrahimovic – wer ist eigentlich Ihr Vorbild?", in seiner unnachahmlich selbstbewundernden Art geantwortet hat:

„Ich bin mein eigenes Idol!"

#7

Hinhören

Als Mentalcoach habe ich schon öfter mit deutschen Jugendmeisterinnen im Tennis arbeiten können. Einmal betreute ich solch eine junge Spielerin bei einem ihrer ersten Weltranglistenturniere. Nachdem sie die ersten beiden Runden schon gewonnen hatte, kam sie auf mich zu und fragte: „Michael, können wir uns heute Abend für eine Coachingsession treffen?" „Klar", sagte ich, „worum geht es?" Sie antwortete: „Weißt du, wenn ich mir vorstelle, dass ich morgen auf dem roten Platz dem gelben Ball hinterherjage und all die Leute stehen dort an dem blauen Clubhaus und schauen mir zu, dann habe ich einfach Sorge, dass ich den Überblick über das verliere, was ich mir für das Match vorgenommen habe.“ Alles klar, ich fuhr sofort in die nächste Buchhandlung und kaufte ein Buch über Vögel. Und den schönsten Adler, der so wunderbar majestätisch über das Tal segelte, den schnitt ich aus, ging damit in den nächsten Copy-Shop, ließ ihn laminieren und überreichte abends der Spielerin den Adler. „Danke“, sagte sie, „doch was hat der Vogel mit meinem Tennis zu tun?“ „Der Adler soll dich daran erinnern, dass du den Überblick über das behältst, was du dir für dein Match morgen vorgenommen hast.“ „Aha.“ Sie spielte dann am nächsten Tag das Viertelfinale, setzte sich in der Pause, wie im Tennis üblich, auf ihre Bank, um etwas zu essen und zu trinken. Auf einmal – und ich bekam eine Gänsehaut – öffnete sie ihre Tasche, zog mit beiden Händen den laminierten Adler hervor und schaute ihn völlig vertieft an. Dann legte sie ihn nach einer Zeit wieder zurück in ihre Tasche und spielte weiter.

Sie agierte hervorragend und gewann. Einen Tag später spielte sie das Halbfinale und gewann auch dort, und noch einen Tag später stand sie sogar im Finale.

Doch zurück zum Viertelfinale. Nach ihrem Matchgewinn meinte sie zu mir: „Du – sag mal – der Adler hat mich echt in der Spur gehalten. Doch woher wusstet du, dass mir das hilft?“ „Schau mal“, sagte ich, „du sprichst von einem roten Platz, gelben Ball, blauen Clubhaus und Überblick – du bist ein visueller Typ, und damit war klar, dass ich dich mit einem Bild gut erreichen kann.“

Was bedeutet diese kleine Sportgeschichte für unsere Kommunikation generell? Dass wir nicht nur zuhören sollten, dass jemand spricht, sondern auch hinhören sollten, was diese Person eigentlich sagt, was sie wirklich meint und wie sie tickt. Dadurch entsteht zum einen Wertschätzung, zum anderen öffnen sich Türen und es ergeben sich Lösungen.

Ich wünsche dir viele interessante Erkenntnisse durch Hinhören!

#8

Reflexion – sich selbst überprüfen

Die meisten derzeit lebenden Menschen in den westlichen Ländern haben bisher in Bezug auf große internationale Krisen unglaublich viel Glück gehabt. Die meisten von uns sind nämlich ohne Krieg und ohne wirklichen Hunger aufgewachsen. Das ist definitiv ein Geschenk!

Diejenigen unter uns, die das dennoch in anderen Ländern erlebt haben oder weil sie heute bereits 80 Jahre oder noch älter sind und es damals erfahren mussten, wissen viel besser um dieses Geschenk in den zurückliegenden Jahrzehnten. Durch die Corona-Pandemie ist erstmalig auch für die bisher Verschonten eine nicht einfach so mal schnell zu meisternde Herausforderung in das allgemeine gesellschaftliche Leben eingetreten und hat vieles auf den Kopf gestellt. Echte gesundheitliche Herausforderungen und harte wirtschaftliche Konsequenzen sind vielfach das Resultat. Zum Glück leben wir in einem Staat, der teilweise unterstützend hilft bzw. helfen kann. Ich halte das nicht für selbstverständlich, auch wenn die damit verbundene Bürde für die kommenden Generationen zu sehen ist.

Wir haben jedoch durch diesen außergewöhnlichen Wachrüttler auch die Chance, aus der Situation Schlüsse zu ziehen und Dinge zukünftig besser zu machen – im Großen wie im Kleinen. Ich begrüße, bei allem Respekt für alle besonders hart Getroffenen, aus gesellschaftlicher Sicht auf eine besondere Art diese Zeit der Überprüfung und halte sie für angemessen und schon länger überfällig.

Deine eigene Überprüfung unterstützen können die folgenden drei Fragen:

- Was kann ich persönlich tun, um ab sofort einen dauerhaften Beitrag für die Gesellschaft und unseren Planeten zu leisten?
- Was möchte ich in meinem Leben unbedingt noch machen oder erreichen?
- Wofür werde ich mir zukünftig definitiv mehr Zeit nehmen?

Vielleicht fallen dir auch noch andere, für dich besonders wertvolle Überprüfungsfragen ein.

In jedem Fall wünsche ich uns allen beste Gesundheit und dass wir dankbar für das Gute, optimistisch und chancenorientiert nach vorne blicken.

#9

Das Prinzip der subjektiven Unterforderung

Ja, es stimmt, ich bin ein Freund und Fan von permanenten Entwicklungen. Warum? Weil es meines Erachtens ein Lebensprinzip ist, genauso wie in der Natur, die von permanenten Veränderungen und Anpassungen geprägt ist. Insofern finde ich es interessant, das eigene Potenzial nicht nur zu identifizieren, sondern es natürlich auch zu nutzen. Warum nicht – wenn es doch schon mal da ist.

Um das eigene Potenzial wirklich zu nutzen, ist es wiederum unerlässlich, die eigenen Grenzen auszutesten, denn sonst können wir nicht erfahren, was alles möglich ist. Genauso wichtig, um selbst in der Balance zu bleiben und seine Energie nicht zu verpulvern, ist jedoch auch das bewusste Gegensteuern, Zurückhalten und Energiespeichern.

Das sogenannte „Prinzip der subjektiven Unterforderung" unterstützt genau diesen Ansatz. Es besagt, dass es immer mal wieder ratsam ist, ganz bewusst unter dem zu bleiben, was aktuell möglich wäre, um langfristiger, gesünder und somit auch durchaus erfolgreicher wirken zu können. Damit schließt sich der Kreis für eine gesunde Entwicklung, die wir in fünf Punkte gliedern können:

- Potenziale identifizieren
- Das eigene Potenzial aktiv durch Engagement nutzen

- Die eigenen Grenzen couragiert austesten, verschieben oder sogar auflösen
- Um langfristig in der Balance zu bleiben, immer wieder mal ganz bewusst das „Prinzip der subjektiven Unterforderung“ anwenden
- Deine individuelle Dosis und Mixtur für deine Entwicklungsgestaltung finden

Ich wünsche dir bei deiner bewussten Lebensgestaltung viel Freude und Erfolg und ein gutes Händchen.

#10

Beherzt leben

Die Fußball-Europameisterschaft im Sommer 2021 lehrte uns eines ganz besonders, starke Euphorie – für die Mannschaften aus Italien, Spanien, Dänemark und England sowie für die vielen Millionen Fans dieser Teams. Das deutsche Team war seit dem Achtelfinal-Aus gegen England nicht mehr dabei und für Jogi Löw war es das letzte Spiel als Nationaltrainer für Deutschland. Nach dem Ausscheiden erreichte mich eine Mail meines sehr guten Freundes Rolf aus Hamburg, die ich dir nun weitergeben möchte.

Folgendes schrieb er: „England gegen Deutschland hat mich wirklich geärgert, komisch eigentlich, was hat das mit mir zu tun? Es ist nicht die Niederlage an sich, aber so wenig Mut, so wenig Stolz, so wenig Appetit, das eigene Spiel durchsetzen zu wollen. Die erste Halbzeit gegen Frankreich und das Portugalspiel hatten gezeigt, dass diese Mannschaft gut genug dafür gewesen wäre. Wieso verlasse ich als Bundestrainer so die Bühne? Dann lieber in zwei Konter laufen, aber alles in die Waagschale geschmissen haben. Es ist wie früher in der Disco. Zu Hause angekommen wird klar, man hätte sie einfach ansprechen sollen. Lieber einen Korb als eine nie gestellte Frage."

Als ich diese Mail meines Kumpels gelesen hatte, dachte ich nur: „Volltreffer – fantastisch auf den Punkt gebracht." Ich übermittle dessen Gedanken hier nicht, um Jogi Löw noch einen mitzugeben. Das liegt mir absolut fern und Jogi Löw hat alles in allem und als Weltmeistertrainer eine sehr erfolgreiche Zeit als Bundestrainer gehabt. Ich finde dennoch, dass mein Freund Rolf den Nagel sensationell richtig auf den Kopf getroffen hat. Und vor allem ist es eine wunderbare Metapher für das gesamte Leben, und zwar nicht nur auf dem Fußballplatz oder in der Disco.

Lasst uns richtig beherzt leben, – das bringt uns weiter, wir werden weniger bereuen und vor allem macht es viel mehr Spaß. Ich wünsche uns allen viel Freude und Erfolg dabei.

#11

Glücksgefühle und Endorphine

Wenn es Frühling wird, die Natur auflebt und die wärmenden Sonnenstrahlen zu uns durchdringen, hebt sich die Stimmung. Viele Menschen sind mit einem Mal positiver unterwegs, Endorphine machen sich breit.

Um wetterunabhängig – also jederzeit – gut drauf sein zu können, lassen sich diese körpereigenen Opiate im Übrigen selbst erzeugen. Ich habe drei Vorschläge für dich:

- Trau dich was! Zögern, Zweifeln und Zaudern sind starke Endorphin-Blocker. Nichts kommt in die Welt ohne das Handeln.
- Eine Langzeitstudie der Harvard University über mehr als 70 Jahre kam zu dem Ergebnis, dass Glück vor allem mit Beziehungen zusammenhängt. Also gib bewusst Energie in das aktive Leben und die Pflege deiner Beziehungen.
- Zugleich auch mein Joker im Mentalcoaching und ein Element der Gedankenhygiene: Dankbarkeit! Sei dankbar – und zwar jeden Tag bewusst mehrfach und immer wieder. Ob für einen leckeren Kaffee oder Tee, für die Möglichkeit, überhaupt handeln zu können, oder für das Leben an sich. Es gibt unzählige Dankbarkeitsmöglichkeiten, um eine positive Bewertung des Lebens herzustellen.

Wenn es auch noch weiter vorangeht mit dem gesellschaftlichen Leben an sich und schönen Frühlingstagen, umso besser für unsere Glücksgefühle!

#12

Freude teilen

01.08.2021 Alexander Zverev holt bravourös Gold im Tennis bei den Olympischen Spielen und betont, dass es ihn besonders getragen hat, für ganz Deutschland in Tokio seine beste Leistung abzurufen. Selbst der Tagesschau, zur 20:00 Uhr Prime-Time, ist Zverevs Erfolg die erste Meldung wert.

Die beiden Hochspringer Tamberi aus Italien und Barshim aus Katar gewannen aufgrund der jeweils übersprungenen Höhe von 2,37 m und der dabei absolut identischen Anzahl an absolvierten Sprüngen gemeinsam Gold. Die emotionalen Bilder, als die beiden Athleten, die gerade noch Konkurrenten waren, sich über ihre Goldmedaille zusammen enthusiastisch freuten und zugleich von Tränen der Freude überwältigt wurden, waren unglaublich bewegend.

Ja, Freude zu teilen, das ist einfach nur schön.

Im Mentalcoaching arbeiten wir daran, den Schalter im Kopf umzulegen und sich auf das Positive, auf Lösungen, auf Dankbarkeit und Freude zu fokussieren. Das funktioniert auch im Alltag und ich habe einen konkreten Vorschlag zum Thema „Freude teilen“:

- Ab sofort teilt jeder von uns, und zwar jeden Tag mindestens einmal, ganz bewusst seine Freude, gibt Freude weiter oder freut sich bewusst mit und für andere Menschen. Das kann ein freundliches Dankeschön für eine gute Beratung, ein gemeinsames freudiges Ereignis oder einfach nur die aufrichtige Freude für jemand anderes sein. Es gibt jeden Tag unzählige Möglichkeiten.
- Wenn wir an einem Strang ziehen und gezielt mehr Freude in Umlauf bringen, dann gewinnen wir alle.

Wenn eines Tages in der Tagesschau die erste Meldung lautet: Die Freude in der Welt ist nachweislich gestiegen, dann wäre das wie eine globale Goldmedaille. Machst du mit? Ich freue mich darauf. ☺ Es ist einfach und kostet nur die Negativität.

#13

Keep it simple

Im Oktober 2021 telefonierte ich mit meiner Athletiktrainerin Lisa. Sie ist im August 2021 für ein paar Wochen in Richtung Südeuropa aufgebrochen. Mitte Oktober war sie immer noch dort unterwegs und es sollten noch einige weitere Monate folgen. Ihr Hotel hatte sie während ihres Trips stets dabei, sie übernachtete auf ihrem Autodach in einem Autozelt. Der Auf-und Abbau des Zeltes, um weiterzureisen, dauerte 5 Minuten. Arbeiten kann sie sowieso von überall – das Online-Coaching für ihre Klienten funktioniert wunderbar –, mit Handyhotspot den Laptop verbunden und los geht's. Ansonsten hatte sie jeden Tag genügend Zeit, um weitere Projekte nach vorne zu bringen und natürlich die wunderbare Natur und das Meer zu genießen sowie interessanten Menschen zu begegnen.

„Weißt du", sagte sie mir, „es ist echt erstaunlich, wie wenig wir benötigen, wenn wir uns wirklich darauf einlassen, zu reduzieren." „Keep it simple", fügte sie an. Recht hat sie und ich finde es großartig und freue mich für sie, dass sie diese tolle Lebenserfahrung gemacht hat, und es werden sicherlich noch weitere Reisen dieser Art für sie folgen.

Von meinen eigenen Reisen durch die Welt weiß ich sehr gut, dass solch ein Trip, wie Lisa ihn in der zweiten Jahreshälfte 2021 erlebte, dann so richtig Freude bringt, wenn man achtsam mit sich selbst umgeht und vor allem sich selbst auch länger aushalten kann. Im Alltag sind wir permanenten Ablenkungsprogrammen unterworfen, die dafür sorgen, dass wir uns nicht mit uns selbst konfrontieren müssen – meistens, weil wir es auch gar nicht wollen. Dabei ist es so wichtig, um ein wirklich bewusstes Leben zu führen.

Beantworte dir in diesem Zusammenhang folgende drei Fragen:

- Wie lange hältst du es ganz allein mit dir aus, und zwar so, dass du dich wohl dabei fühlt?
- Was könntest du bewusst loslassen, wie könntest du dich erleichtern?
- Was könntest du unternehmen, um unabhängiger zu werden?

„Keep it simple" ist ein wunderbarer Appell. Ob du bald auch auf deinem Autodach übernachtest oder auf andere kreative Ideen kommst – wer weiß? In jedem Falle wünsche ich dir ein glückliches und bewusstes Leben in Einklang mit dir selbst.

#14

Staunen wie ein Kind

Es ist erstaunlich, dass sich jedes Jahr aufs Neue in der Weihnachtszeit alles im Außen beruhigt und der Bedarf, etwas leisten zu wollen oder zu müssen, in den Hintergrund tritt. In den Vordergrund treten andere Dinge. Wenn wir an Weihnachten denken, dann verbinden wir damit beispielsweise staunende Kinderaugen, die das Herz öffnen.

Von dem Staunen der Kinder können wir Erwachsene uns eine Menge abschauen. Warum? Weil das freudige und herzerfüllende Staunen den Moment so stark macht.

Staunen erhöht die Lebensintensität, die Lebensfreude. Auch wenn für viele Menschen die Zeiten sehr herausfordernd waren bzw. sind oder möglicherweise anspruchsvoll werden, tun wir gut daran, ganz bewusst Gedankenhygiene zu betreiben. Dies gelingt, indem wir für positiven Hirn-Input sorgen. Eine wunderbare Möglichkeit, diesen Input bereitzustellen, ist das Staunen – und zwar freudig, aus tiefstem Herzen.

Überlege, was dich freudig staunen lässt. Auch wenn das letzte Staunen schon etwas her ist, so kann es natürlich wieder neu entfacht werden, indem wir uns mit dem in Kontakt bringen, was uns begeistert. Ich wünsche dir, dass du nicht nur an Weihnachten, sondern prinzipiell dieses Staunen suchst, erkennst und zulässt.

#15

Gesunde und auskömmliche Bewegung

Mir wurde schon oft die Frage gestellt, welche Tipps ich geben kann, um die Motivation für Bewegung zu steigern.

Körperliche Bewegung hat viel mit geistiger Bewegung zu tun, denn wir haben z. B. die Möglichkeit, uns ganz bewusst Bewegungsstandards für den Alltag zu setzen. Ich habe einige Vorschläge für dich, die mit minimalem oder sogar komplett ohne zusätzlichen Zeitaufwand in den Alltag integriert werden können:

- Nach dem Aufstehen und auch mehrmals am Tag – intensives Recken und Strecken, so wie Hunde und Katzen es uns vormachen. Das führt zur Entmüdung des Körpers und zur Spannungsregulierung.
- Zähneputzen in der Abfahrtshocke: Das ist vor allem eine wunderbare Aktivierung und Kräftigung der Oberschenkelmuskulatur!
- Das Hemd oder die Bluse auf einem Bein stehend zuknöpfen, ein sehr gutes Balancetraining und zugleich Kräftigung der Bein- und Rumpfmuskulatur.
- Die Schuhe kniend oder auch wieder auf einem Bein stehend binden. Auch das ist ein gutes Balance- und Kräftigungstraining und zugleich eine Mobilisierung für mehr Hüftbeweglichkeit.
- Aufzüge bis in den 4. Stock sind tabu, nehmt die Treppe! Das Auto bewusst mindestens 500 Meter vom Zielort entfernt parken, um ebenfalls mehr Bewegung in den Alltag zu bringen.
- Wenn du telefonieren willst, steh immer auf. Wenn du angerufen wirst, steh ebenfalls auf. Immer!
- Wenn du noch darauf achtest, insgesamt am Tag 10.000 Schritte zu gehen, dann hast du schon einen prima Beitrag für deine Bewegung und Gesundheit geleistet, ohne irgendeinen Sport getrieben zu haben.

Unser Wohlbefinden fängt im Kopf an, indem wir uns dafür entscheiden, die Verantwortung für unsere geistige, körperliche, seelische und unsere Herzensgesundheit zu übernehmen. Ich wünsche dir eine gesunde und aktive Zeit.

#16

Weitere Strategien zur Aktivierung

Frühling ist eine bei vielen Menschen sehr beliebte Jahreszeit. Wenn die Sonne am Himmel erscheint, was der Grundstimmung guttut, dann hilft dies, um initiativ zu werden und auch hinsichtlich unserer eigenen Gesundheit präventiv zu handeln.

Um wirklich etwas zu ändern, bedarf es allerdings bekanntlich oft einer Krise. Egal, ob du schon in einer Krise drinsteckst oder damit es erst gar nicht so weit kommt – mein Appell lautet: Starte deine Aktivierung – jetzt!

JETZT ist eine Top-Gelegenheit, um zu handeln.

Stärke bewusst dein Immunsystem und mache dich fit. Viele Menschen kommen nicht ins Handeln, weil sie die Erwartung an ihren Einstieg zu hoch hängen. Fange lieber gut machbar an, aber fange an und starte ab heute mit folgenden fünf Standards:

1. Bevor du das Haus verlässt, mache mindestens 5 Minuten Gymnastik, Stretching oder leichtes Yoga.
2. Bewege dich täglich mindestens eine halbe Stunde bewusst an der frischen Luft mit aktivem Gehen, leichtem Joggen oder Radfahren.
3. Ernähre dich leicht, vollwertig und überwiegend oder sogar komplett vegetarisch.
4. Schlafe in guttuenden 90-Minuten-Zyklen, also 6 Stunden oder idealerweise 7½ oder 9 Stunden.
5. Plane deine Zukunft und komme ins Handeln.

Lasst uns verantwortlich, optimistisch und lösungsorientiert nach vorne schauen and handeln! Das erhöht die Wahrscheinlichkeit, anspruchsvolle Situationen zu meistern, und die Chancen auf ein gutes Leben und Erfolg.

#17

Individuelles und systemisches Wohlbefinden

Was brauchen wir, um uns wohlfühlen? Zwei große Bereiche gilt es dabei zu unterscheiden, das individuelle Wohlbefinden und das systemische Wohlbefinden.

Beim individuellen Wohlbefinden geht es darum, dass wir in der Lage sind, uns gut zu versorgen: wertige Nahrungsmittel, auskömmlich Bewegung und Schlaf, Interesse an dem, was wir tun, Erfolge und persönliche Entwicklung – das sind einige der bedeutenden Kriterien, die für unser persönliches Wohlbefinden wichtig sind.

Das systemische Wohlbefinden resultiert aus unseren Beziehungen: in der Partnerschaft und Familie, Firma und Schule, im Verein und unter Freunden.

Sehr interessant ist, dass etliche Unternehmen sich mittlerweile darum kümmern, dass es ihren Mitarbeitern am Arbeitsplatz, ob in der Firma oder im Homeoffice, gut geht.

Die Position eines Feel-Good-Managers wird in immer mehr Unternehmen geschaffen. Das, was früher als Soft Facts abgetan wurde, wird heute zu einem relevanten Entscheidungselement für oder gegen einen Arbeitsplatz.

Mir persönlich gefällt diese Tendenz sehr gut, da unsere Lebenszeit einfach zu kostbar ist.

Letztlich geht es um deine Achtsamkeit, Entscheidungsfreude und dein Handeln für eine jeweils gute Dosis und Mixtur, um sowohl dein individuelles als auch systemisches Wohlbefinden qualitativ gut zu versorgen und stetig zu nähren.

Topsportler haben feste Rituale, um auf den Punkt leistungsfähig zu sein und sich generell in der Balance zu halten. Wie wäre es, diesen Ansatz in deinen eigenen Alltag zu übertragen – z.B. für das persönliche Wohlbefinden? Ein wirkungsvolles Ritual für ein besseres Wohlbefinden, das ich im Coaching gerne vermittle, ist ein Dankbarkeitsritual, das ich „Thank-you-Cup" getauft habe. Das Ritual läuft wie folgt ab:

- Nimm dir Zeit.
- Bereite dein Lieblingsgetränk dankbar vor.
- Schaffe dir einen Wohlfühlplatz.
- Setze dich gemütlich hin.
- Jetzt atme dreimal tief ein und aus.
- Schaue dir nun deinen Thank-You-Cup bewusst an.
- Wofür bist du in diesem Moment dankbar? Das kann ein Ereignis sein, Menschen in deinem Umfeld, eine eigene Leistung – was auch immer – du entscheidest das selbst.

- Sage es dir – gut hörbar oder ganz im Stillen.
- Genieße dein Getränk jetzt in Dankbarkeit.

Wenn du das Dankbarkeitsritual in deinen Alltag integrierst, leistet du ganz bewusst einen aktiven Beitrag für dein persönliches Wohlbefinden. Ich wünsche dir genussvolle Momente in Dankbarkeit und eine wunderbare Zeit.

#18

Werde dein eigener Feel-Good-Manager

Einmal wurde ich gefragt: „Michael, das Wochenende war voller Sonnenschein und viele Menschen hat es bereits nach draußen gezogen. Das ist doch sicherlich eine Steilvorlage für Motivation und Aktivität – oder?"

Ja, in der Tat. Das ist genau das, was wir z. B. nach kalten und dunkleren Wintermonaten benötigen. Lasst uns daher stets meteorologische Steilvorlagen nutzen, um zu unserem eigenen Feel-Good-Manager zu werden. Raus an die frische Luft, hinein in die Sonne und viel Vitamin D tanken, denn Vitamin D ist bekanntlich ein wahres Multitalent, da es u. a. die Leistungsfähigkeit erhöht, der Psyche guttut und somit stimmungsaufhellend wirkt.

Lasst uns auftanken, Kraft schöpfen und aktiv werden.

Ich habe zwei einfach umsetzbare Tipps, wie du dein Wohlbefinden besonders verstärken kannst:

- Verlagere vor allem bei schönem Wetter geistige Arbeiten bewusst nach draußen. Nimm dir Themen, die du ohnehin durchdenken möchtest, gezielt in dein persönliches Outdoor-Office mit. Geh eine Runde spazieren, leg dich in die Sonne und arbeite eben gedanklich das durch, was du sonst in einem geschlossenen Raum genauso machen würdest.

- Beginn mit etwas Neuem. Vor allem die Frühlingsatmosphäre motiviert uns, initiativ zu werden. Aufbruch und Aktivität stehen an. Diesen Energieschub können wir superleicht nutzen, um ins Handeln zu kommen, was auch immer du voranbringen willst. Traue dir was zu und lege los.

Ich wünsche dir Freude und Erfolg mit deiner Aktivität und Initiative.

#19

Methoden zur Sofortentspannung — 1

Reduzierung der Atemfrequenz

Meistens sind wir vor wichtigen Ereignissen zu angespannt. Eine einfache Methode zur Entspannung durch Reduzierung der Atemfrequenz möchte ich dir mit auf den Weg geben.

Erwachsene atmen ca. 10–12-mal pro Minute, Kleinkinder und vor allem Babys deutlich häufiger. Durch unsere kleine Übung reduzieren wir die Atemfrequenz bewusst auf maximal 5–6-mal pro Minute. Allein dadurch tritt schon Entspannung ein. Mache gerne direkt mit, es geht los:

- Atme tief durch die Nase ein, beobachte dabei den Atem vor deinem inneren Auge, wie er bis in den Bauch fließt.
- Dort hältst du den Atem mindestens 5 Sekunden an, bevor du durch den offenen Mund weit und gut hörbar ausatmest.
- Jetzt machst du eine Atempause von 5 Sekunden und atmest wieder tief durch die Nase ein und so weiter.
- Achte bei den Atemzügen darauf, dass du unbedingt länger und weiter ausatmest als einatmest, denn du willst ja etwas loswerden.

Wenn du dich auf die Übung positiv einlässt, diese nur zwei Minuten durchführst, wirst du merken, wie du ruhiger und entspannter wirst und inneren Frieden verspürst. Viel Erfolg, Spaß und beste Entspannung wünsche ich dir.

#20

Methoden zur Sofortentspannung — 2

Ausklopfen

Hier ein weiterer Tipp, wie du dich in der Balance halten oder bei Stress schnell wieder in diese Balance hineinfinden kannst.

Vorab noch eine wichtige Information. Wir unterscheiden zwei verschiedene Arten von Stress:

1. den Eustress. Das ist der positive Stress, der uns, wie der Name schon vermuten lässt, euphorisiert und auch trotz durchaus vorhandener Intensität guttut.
2. den Disstress. Das ist der negative Stress, der uns ein Zuviel an körperlicher und/oder geistiger Anspannung beschert. Diese Anspannung wollen wir entweder präventiv verhindern oder eben wieder loswerden.

Der Tipp, der dir bei Disstress helfen kann, lautet: Ausklopfen! Mach einfach mit:

- Klopfe mit der rechten Hand die Außenseite deines linken Arms aus, von der Schulter bis runter zur Hand.
- Nun die Innenseite wieder hoch, weiter über die Brust und rüber zum rechten Arm, den du nun mit der linken Hand auf die gleiche Weise ausklopfst.
- Wenn du das hast, dann geht's weiter über die Brust zum Bauch und beide Oberschenkelvorderseiten runter bis zu den Füßen.
- Nun über die Waden und hintere Oberschenkelmuskulatur, über das Gesäß weiter den Rücken hoch.
- Die letzte Station ist über den Hals, Hinterkopf und Scheitel bis zum Gesicht.
- Wenn du zum Schluss noch ein Lächeln für dich im Angebot hast, tut das Ganze gleich nochmals besser gut.

Durch das Ausklopfen erreichen wir zwei Dinge: Verkrampfungen und Staus im Körper lösen sich und das körpereigene System kommt wieder besser in Fluss, und dadurch, dass wir durch das Klopfen uns selbst spüren, kommen wir wieder besser in Kontakt mit uns, erhöhen unser Selbstvertrauen und unsere Eigenmacht.

#21

Methoden zur Sofortentspannung — 3

Schulter- und Nackenentspannung

Du kennst das sicherlich auch: Die Schulter-Nacken-Muskulatur ist aufgrund von Handynutzung und schlechter Sitzposition häufig verspannt, das wissen wir. Doch es gibt auch noch andere Gründe für diese Verspannungen – oder? Und vor allem, was können wir tun, um unseren Nacken und die Schultern zu entspannen?

Wenn wir uns unter Druck fühlen und gestresst sind, dann ziehen wir die Schultern nahezu dauerhaft nach oben. Zum einen, um unsere Last auch vermeintlich tragen zu können, und zum anderen, um unseren Nacken zu schützen, was vor allem bei Angst sehr auffällig ist. Genau das führt zu einer erheblichen Überbelastung der Muskulatur, die uns freundlicherweise mit Schulter- und Nackenschmerzen diese Information übermittelt.

Wenn du solche Verspannungen auch kennst und diesen vorbeugen oder sie loswerden willst, dann mache auch hier direkt mit:

- Rolle deine Schultern in großen Bewegungen erst 10-mal nach hinten und dann 10-mal nach vorne und mobilisiere so zunächst deine Schultergelenke.
- Nun greifst du mit der rechten Hand an die linke Kopfseite und ziehst den Kopf deutlich nach rechts.
- Gleichzeitig zieht der linke Arm gegengleich nach unten, die linke Hand ist dabei flach und angewinkelt und schiebt zum Boden. Beide Positionen hältst du mindestens 15 Sekunden.
- Auf diese Weise stretchst du deine linke Hals- und Nackenmuskulatur. Danach wechselst du die Seiten.

- Zum Schluss ziehst du die Schultern bitte weit nach oben, spannst sie dabei bewusst 5 Sekunden extra stark an und lässt sie anschließend deutlich und locker nach unten fallen. Dabei atmest du kräftig aus.

Mache alle Übung mindestens dreimal. Du merkst – es tritt sofort Entspannung ein. Wenn du jetzt noch dein Mindset überprüfst, ob es wirklich notwendig ist, geschweige denn, es sich lohnt, sich selbst in diese Dauerspannung zu bringen, und du es stattdessen das eine oder andere Mal lockerer nimmst, änderst und loslässt, dann wird dies zu einer weiteren Befreiung deines Schulter-Nacken-Bereichs beitragen.

#22

Beschleunigen und Entschleunigen

Es ist von Vorteil, sich beeilen und schnell sein zu können, wenn es drauf ankommt. So denke ich gerne an folgende Geschichte. Meine Schwester arbeitete viele Jahre als Flight-Managerin am Münchener Flughafen. Eines Tages kam der Sprint-Weltrekordler Usain Bolt in Begleitung des Vorstandsvorsitzenden eines seiner Sponsoren an das Abfluggate. Die beiden waren viel zu spät und hatten offensichtlich auch nicht bemerkt, dass es kurzfristig einen Gate-Wechsel gab, der

Flieger sich also an einer völlig anderen Stelle des Flughafens befand. Das Boarding sollte dort zudem jeden Moment geschlossen werden. Meine Schwester sagte den beiden: „Wenn Sie sich extrem beeilen, haben Sie noch eine kleine Chance – laufen Sie, so schnell Sie können!“ Die beiden rannten sofort los. Usain Bolt hat den Flieger gerade noch bekommen – der Vorstandsvorsitzende nicht. Es ist schon gut, schnell sein zu können, wenn es die Situation erfordert. ☺

Oft hetzen wir jedoch, wie von einem inneren Zwang gesteuert, durch den Tag in der Annahme, dass wir es eilig haben. Das stimmt sicher auch öfter – oft aber eben auch überhaupt nicht. Genau dann tun wir gut daran, ganz bewusst das Tempo rauszunehmen.

Lasst uns bewusst immer wieder mal in zeitlicher Souveränität und Komfortabilität durch den Tag schreiten. Das ordnet die Gedanken, bringt innere Ruhe und hilft bei der Priorisierung.

Ach so, übrigens: Wenn Usain Bolt es nicht eilig hat, bewegt er sich unfassbar langsam – wie eine Schildkröte. Er speichert seine Energie, um sie parat zu haben, wenn es wirklich zählt! Sehr schlau!

Ich wünsche dir eine kluge Einteilung deiner Energie und eine entschleunigte und zugleich erfolgreiche Zeit.

#23

Sich Pausen gönnen

Im Leistungssport ist es unverzichtbar, nicht nur die Belastungen, sondern auch die Pausen gut zu planen. Wenn unser Körper nämlich einem Trainingsreiz ausgesetzt ist, dann wird er im Anschluss geneigt sein, einen Anpassungsprozess zu starten, um bei einer wiederkehrenden gleichartigen Belastung auf eben diese vorbereitet zu sein. Die Anpassung für die entsprechende positive Entwicklung funktioniert jedoch nur, wenn die Mixtur aus Belastung und Pause stimmt.

So wie in den Sommerferien für viele Schüler:innen eine Leistungspause wichtig ist, muss es auch im Berufs- und Pri-

vatleben Raum und Zeit für Erholung geben. Die Kunst dabei ist, die Erholung bewusst zuzulassen und sie wertzuschätzen.

Viele Menschen tun sich schwer, wirklich loszulassen, weil sie den inneren Antrieb verspüren, ständig etwas leisten zu müssen. Das ist im Endergebnis genauso ungünstig, wie sich zu sehr auf die Pausen zu fokussieren, was schließlich zu Lethargie und Faulheit führt. Der Philosoph Immanuel Kant formulierte vor mehr als 200 Jahren sehr treffend: „Faulheit ist der Hang zur Ruhe ohne vorhergehende Arbeit."

Es ist stets ein Wechselspiel – Belastung und Pause, wie Ebbe und Flut, wie Yin und Yang, die gegensätzlich sind und sich gerade dadurch ideal ergänzen. Daher überlege doch mal:

- Erlaubst du dir echte Pausen und wie gestaltest du diese?
- Bist du ebenso bereit, im Anschluss zu handeln und freust dich darauf, dich wieder zu engagieren?

Ich wünsche dir, dass du für beides – Belastung und erholsame Pausen – gute Antworten hast oder nun den Impuls verspürst, diese vielleicht neu zu definieren. In jedem Fall: Hab eine abwechslungsreiche Zeit!

#24

Wohltuende Erholung & Erfrischung durch den 90-Minuten-Schlafzyklus

Kennst du das? Du wirst morgens wach und bist kaputt. Und dann fragst du dich: „Wie kann das sein? Ich habe doch mehr als 8 Stunden geschlafen!“ Tja und genau das ist möglicherweise die Ursache für deine Müdigkeit. Du hast dann eben falsch geschlafen. Generell lässt sich auch festhalten: Immer dann, wenn wir einen Wecker benötigen, sind wir nicht ausgeschlafen, denn ohne Wecker würden wir weiterschlafen.

Offensichtlich kommen sehr viele Menschen mit einem 90-Minuten-Schlafzyklus sehr gut zurecht. Das heißt: Alle 90 Minuten können wir demnach gut aufstehen, in den jeweils dazwischen liegenden 45 Minuten jedoch nicht, denn dann sind wir in einem Schlaftal.

Eine gute Schlafdauer, gerechnet von Einschlaf- bis Aufwachzeitpunkt, beträgt demzufolge 6 Stunden (4 × 90 Minuten), 7 ½ oder 9 Stunden. Der entscheidende Punkt dabei ist: 6 Stunden Schlaf sind besser als 6 Stunden plus 45 Minuten, 7 ½ Stunden Schlaf sind besser als 8 Stunden plus 15 Minuten usw. Ich transportiere diese Methode seit Jahrzehnten in meinen Coachings, Seminaren und Vorträgen und habe weitaus mehr als 80 % positive Rückmeldungen dazu erhalten.

Selbst Fußball-Topstar Christiano Ronaldo spricht inzwischen davon, dass er seinen Schlaf in fünf Einheiten à 90 Minuten absolviert. Ich persönlich glaube zwar nicht, dass er nachts aufsteht, nur weil die ersten 90 Minuten vorbei sind, jedoch sind es eben wieder die 90 Minuten, die wohl eine starke regenerative Bedeutung haben. Probiere es einfach selbst aus. Es ist wirklich verblüffend.

Die Methode funktioniert nicht, wenn zu viel Alkohol im Spiel ist und wenn z. B. auch die besinnliche Weihnachtszeit wie so häufig zur besinnungslosen Zeit modifiziert wird.

Wie auch immer, teste den 90-Minuten-Takt für die Nachtruhe. Ich wünsche dir in jedem Fall gute Träume und lass es dir gut gehen.

#25

Innerer Frieden

Heiligabend ist der Tag im Jahr, an dem die Bereitschaft zur inneren Einkehr und Ruhe in unserer Gesellschaft besonders stark ist. Die Rückmeldungen aufgrund der individuellen inneren Einkehr fallen dabei völlig unterschiedlich aus. Sicher, es gibt harte Schicksale und letztlich haben wir alle im Laufe eines Jahres irgendwelche knackigen Herausforderungen zu meistern. Demgegenüber stehen aber bei den meisten Menschen auch sehr viele schöne Momente. Worauf fokussieren wir uns nun? Letztlich haben wir alle eine sehr starke Bewertungsmacht und sind damit für unser Seelenleben hauptverantwortlich.

Mentale Stärke hat sehr viel mit Reflexion und Akzeptanz zu tun. Reflexion, dass wir uns bewusst machen, wie wir denken und agieren. Akzeptanz, dass wir einiges besser zu machen oder anders einzuschätzen haben. Mentale Stärke hat auch mit konstruktivem Handeln zu tun, nämlich selbstwirksam und verantwortlich Werte in die Welt zu tragen, wie z. B. Positivität, Rücksicht, Freundlichkeit, Toleranz, Friedfertigkeit und Respekt.

Eine besonders starke Säule, um diese Werte warmherzig und mit Freude für sich selbst zu spüren und in guter Absicht zu zirkulieren, um durch inneren Frieden äußeren Frieden zu begünstigen, ist Dankbarkeit.

26

Identität

Per Wortdefinition bedeutet Identität in Bezug auf einen Menschen „Echtheit einer Person" und „völlige Übereinstimmung mit dem, was sie (also die Person) ist". Und damit sind wir schon beim Ansatz, unsere Identität zu erkennen. Diese hat nämlich nichts mit unseren diversen Rollen in den unterschiedlichen Bereichen zu tun. Hast du dir schon mal die Frage gestellt, was du in die Welt einbringst? Diese Frage stelle ich gerne im Coaching und bitte meine Klienten, egal ob im Berufsleben, Sport- oder Privatleben, sie mit ein bis drei Begriffen zu beantworten. Ich beantworte diese Frage für mich selbst mit „Optimismus und Positivität“. Das lebe ich und bringe ich ein – egal ob in unserer Familie, in unserem Sportteam, in meinem Berufsleben als Coach, Redner, Autor und Akademieleiter oder in der Begegnung mit meinen Freunden. Und überall strebe ich an, tatsächlich ich selbst – also authentisch – zu sein. Die Rolle spielt in diesem Falle im wahrsten Sinne des Wortes keine Rolle. Denn es liegt ja an mir selbst, überall Optimismus und Positivität einzubringen.

Es gilt einen Switch im Kopf herzustellen. Weg vom „Rollen erfüllen“ und hin zum „authentischen, selbstwirksamen Denken und Wirken“. Weg vom reaktiven „die Erwartungen der anderen erfüllen“ und hin zum wahrhaftigen Leben im Einklang mit uns selbst.

Nimm dir gerne eine Auszeit und stelle dir in Ruhe die Frage, was du in die Welt einbringst. Reduziere es dabei radikal auf ein bis drei Worte. Wofür stehst du, was macht dich aus? Wenn du das beantworten kannst, dann hast du Kontakt zu deiner Identität. Deine Ergebnisse bilden die Klammer für dein Wirken und Sein – egal wo du bist und was du machst. Ich wünsche dir viel Freude und Erfolg beim Dich-selbst-Identifizieren.

27

Bekanntschaft oder Freundschaft

Die Grenze von Bekanntschaft zur Freundschaft ist in jedem Falle fließend und es gibt nicht die eine einzige Definition, die eine klare Trennung verdeutlicht. Doch es gibt Kriterien, die etwas Licht in das Thema bringen.

Wirkliche Freunde oder Freundinnen haben in jedem Falle ein echtes beiderseitiges Interesse aneinander. In die Beziehung wird bilateral Energie hineingegeben und sie ist keine Einbahnstraße. Man könnte sagen: Personen, die nicht an anderen Menschen aufrichtig interessiert sind, verfügen nur über Bekanntschaften.

Wahre Freundschaft ist neidbefreit und kann gönnen. Unterstützung, wenn es wirklich drauf ankommt, und die eigenen Interessen in solch einem Fall hintanzustellen, sind eine Selbstverständlichkeit. Echte Freundschaft und Intuition gehören auch zusammen. Das bedeutet, dass in einer guten Freundschaft nicht viele oder überhaupt keine Worte nötig sind, um zu spüren, wie es der anderen Person geht.

Freundschaft und die Freude, miteinander Zeit verbringen zu dürfen, gehören zusammen. Es gibt Studien, die besagen, dass es 120–160 Stunden an gemeinsamer Zeit in den ersten drei Wochen des Kennenlernens bedarf, dass aus einer Bekanntschaft eine Freundschaft wird. Ich möchte ergänzen, dass es generell wichtig ist, in irgendeiner Phase des Lebens viel Zeit miteinander verbracht zu haben. Dann können Freundschaften auch halten, selbst wenn man sich jahrelang nicht gesehen hat.

Ich wünsche dir stets eine freundschaftliche Zeit.

2
Konfrontiere dich, lasse los und befreie dich

Um mit Freude und Euphorie nach vorne schreiten zu können, ist es unverzichtbar, die Last, die du aus deiner Vergangenheit und Gegenwart mit dir trägst, loszuwerden. Hebe blockierende Steine auf, wirf sie über Bord – räume dir deinen Weg frei!

Wie das funktioniert, das zeige ich dir in diesem Kapitel. Hierzu beschäftigen wir uns mit den Glaubenssätzen, die du aus deiner Vergangenheit mitgenommen hast, und mit Persönlichkeitsmustern, die dir heute möglicherweise nicht mehr dienen und vielleicht sogar noch nie hilfreich waren.

Im ersten Schritt ist es wichtig, dass du genau hinschaust und dich mit deinen inneren Unruhestiftern konfrontierst. Was sorgt bei dir für schlechte Gefühle und negative Bewertungen? Und wo kommen diese Reaktionen her? Nur das Sichtbare kann bearbeitet und losgelassen werden.

Da es sich mit leichtem Gepäck viel besser reisen lässt, empfehle ich dir: Konfrontiere dich, lasse los und befreie dich!

#28

Konfrontiere dich

Der langjährige Tennis-Weltranglistenerste Novak Djokovic hatte bis ins Jahr 2015 alle bedeutenden Turniere auf der Herren-Professional-Tennis-Tour gewonnen – bis auf die French

Open in Paris. Dort stand ihm stets sein Rivale Rafael Nadal im Weg. Zweimal schaffte Djokovic es bis Finale, doch er scheiterte. Im Jahre 2015 erreichte er zum dritten Mal das Finale, auf dem Weg dorthin schlug er u. a. den Spanier Nadal und nun sollte endlich der Titel gelingen. Doch es war wie verhext! Als haushoher Favorit unterlag der Serbe Stanislaw Wawrinka aus der Schweiz.

Wenige Wochen später war das bedeutende Turnier von Wimbledon. Djokovics damaliger Trainer Boris Becker engagierte für die erste Trainingssession einen Überraschungsspieler. Es war Wawrinka, der erst kurz vorher Djokovics langersehnten Traum vom ersten Triumph bei den French Open vereitelt hatte.

Boris Becker, bis heute einer der mental stärksten Tennisspieler aller Zeiten, war es wichtig, dass sein Schützling sich direkt wieder mit seinem Gegner, der ihn besiegen konnte, erneut konfrontierte, um die Hürden im Kopf nicht zu groß werden zu lassen. Das war absolut „champion like“!

Vielleicht kennst du es auch: Allzu oft ducken wir uns weg und ziehen uns bei Misserfolgen betrübt zurück, anstatt sofort und aufrecht Realitäten zu akzeptieren und mutig und beherzt einen Neuanfang zu starten.

Übrigens: Novak Djokovic gewann dann im selben Jahr das Turnier von Wimbledon und direkt ein Jahr später auch die French Open von Paris. Diese Sache ist somit schon längst geheilt.

Ich wünsche auch dir eine mutige Konfrontation mit anspruchsvollen Realitäten und ein aufrechtes und zuversichtliches Nach-vorne-Schreiten.

#29

Werde dir deiner Glaubenssätze bewusst

Warum stehen wir uns oft selbst im Weg, wenn wir einen neuen bedeutenden Schritt gehen könnten? Weil wir zu oft in unseren Glaubenssätzen festhängen, die uns glauben machen, dass etwas auf eine ganz bestimmte Art zu sein hat.

Glaubenssätze sind Überzeugungen, die wir vor allem in unserer kindlichen und jugendlichen Entwicklung ausgeprägt und konditioniert haben. Sie sind letztlich Gewohnheiten des Lebens, bis sie bewusst von uns erkannt und bearbeitet werden. Wenn du als Kind bei Tisch oft ermahnt wurdest: „Wenn die Großen sprechen, haben die Kleinen den Mund zu halten", kann dies dazu führen, dass du möglicherweise glaubst, deine Meinung sei nicht wichtig. Wenn jemand als Kind häufig gehört hat „Geld verdirbt den Charakter", bestärkt dies die Überzeugung im Unterbewusstsein, dass es nicht gut ist, einiges an Geld zu besitzen. Dies führt dazu, dass solch eine Person sich schwerer tun kann, Geld zu verdienen, denn man will ja kein schlechter Mensch sein.

Wir tun unbewusst vieles dafür, dass wir in unseren Glaubenssätzen bestätigt werden, weil wir unser Weltbild nicht aus den Angeln heben wollen. Dabei wäre gerade das mal gut! Denn unsere sehr eingeschränkte Realität ist nur ein winziger Ausschnitt aus der vielfältigen Welt von Chancen. Und gerade in unserer herausfordernden, schnelllebigen Zeit der letzten Jahre, in der wir uns nicht zuletzt durch Corona alle in Flexibilität zwangsläufig üben durften, lade ich dich herzlich ein, deine Gewohnheiten kritisch zu überprüfen, es mal bewusst anders zu machen und eben anderen als deinen bisher gelebten Realitäten Raum zu geben.

Es ist spannend, sich selbst auf die Schliche zu kommen, und es ist zudem erhellend und befreiend.

#30

Sich vom Bedürfnis nach Anerkennung freimachen

Als wir aufgrund der Corona-Pandemie im Lockdown lebten, reduzierte sich erheblich das Streben nach Status, weil es wegen der fehlenden Begegnungen kaum etwas zu vergleichen gab. Ich empfand diese gesellschaftliche Statusbefreiung als sehr angenehm, als einen Gewinn, und ich sage dir auch warum. Statusdenken bedeutet nichts anderes als Streben nach Anerkennung. Und weil die meisten Menschen Anerkennung haben wollen, finden so unglaublich viel Theater und Getue, z. B. durch das Zur-Schau-Tragen von was auch immer, statt.

Streben nach Anerkennung ist ein minderwertiges und abhängiges Bedürfnis. Denn wenn die Anerkennung nicht kommt, was jedoch andere entscheiden, dann fehlt etwas. Konkret gesagt: Wenn du dir das neue Auto oder ein schickes Kleidungsstück kaufst, damit andere es toll finden, bedeutet es Abhängigkeit und minderwertiges Statusdenken.

Wenn du es aber vor allem kaufst, weil es dir gefällt, bist du unabhängig.

In meiner mentalen Arbeit mit Spitzensportlern und Führungskräften ist diese Unabhängigkeit ein ganz wesentlicher Aspekt, weil so zum einen authentische Handlungen stattfinden und zum anderen durch die innere Freiheit bessere Ergebnisse erzielt werden können. Unabhängigkeit ist eine sehr wichtige Säule für mentale Stärke.

Der wohl bekannteste und erfolgreichste Bergsteiger aller Zeiten, Reinhold Messner, hat einmal gesagt: „Motivation hängt zusammen mit Begeisterungsfähigkeit, mit Sinngebung, mit Visionen – aus mir selbst heraus.“ Das finde ich super. Wir haben die Gelegenheit, genau das zu überprüfen und uns selbst besser auf die Schliche zu kommen.

Raus aus dem abhängigen Statusdenken und hinein in die wirk-

lich authentische Überzeugung. Das könnte zukünftig vieles angenehmer machen. Mach mit! Ich wünsche dir in jedem Fall eine wunderbar authentische und gesunde Zeit.

#31

Innerer Antreiber 1 — Sei perfekt!

Unser Verhalten wird vor allem unter Stress durch unser inneres Steuerungsprogramm gelenkt, das im Wesentlichen in unserer Kindheit und Jugend konditioniert wird. Dabei sollten wir wissen, dass es nach der anerkannten Transaktionsanalyse des Nordamerikaners Eric Berne[1] fünf große innere Antreiber gibt, die uns häufig unbewusst steuern – und zwar so lange, bis wir beginnen, an uns zu arbeiten.

Der erste Antreiber lautet: „Sei perfekt!" Das Talent hinter dem Antreiber ist, eine Sache richtig gut zu machen. Das Mangelgefühl ist allerdings, nicht gut genug zu sein. Das kann sogar so weit gehen, dass wir uns nicht erlauben, uns über eine gute Leistung zu freuen, weil wir glauben, es noch nicht verdient zu haben. Genau das hat mir in einem Coaching eine Profi-Tennisspielerin mal gesagt. Zudem seien in ihrer Familie alle noch erfolgreicher und sie müsse mehr leisten, um happy sein zu dürfen. Unglaublich! Das Leben findet jetzt statt und es ist schade um jeden Moment, den wir versäumen, sich daran zu erfreuen. Diesen Weg hat die Spielerin, u. a. durch unser gemeinsames Coaching, erfreulicherweise dann doch noch für sich gefunden.

Für Perfektionisten gilt, sich ihrer Qualität zum einen als Stärke bewusst zu sein und zugleich sich zu erlauben, nicht perfekt sein zu müssen. Es gibt sowieso keine Perfektion, es geht nicht um das Maximum, sondern, wenn schon, dann bitte um das individuelle und aktuelle Optimum. Wer perfekt sein will, scheitert immer und das macht auf Dauer keinen Spaß. Wenn du ehrgeizig bist – was völlig OK ist –, dann achte darauf, dass du einen positiven Ehrgeiz lebst, also gut mit dir umgehst.

Stelle dein Glück nicht in Abhängigkeit zu den Leistungen anderer, sondern bleibe bei dir und lebe deine ureigenen Bedürfnisse. Viel Erfolg und Freude an Deiner Stärke und Motivation für jetzt, heute und immer!

#32

Innerer Antreiber 2 — Sei stark!

Ein weiterer innerer Krawallmacher lautet: „Sei stark!“ Personen, die von diesem Antreiber getriggert werden, verhalten sich üblicherweise dominant und tragen die Überzeugung in sich, stark gegenüber sich selbst und anderen sein zu müssen. Die Ausprägung für diesen Antreiber liegt meist in der Kindheit und Jugend, wenn sich aufgrund des Umfelds Überzeugungen und Glaubenssätze ausbilden. Alle inneren Antreiber zielen darauf ab, Anerkennung zu erhalten, was wiederum als eine Art „Superantreiber" bezeichnet werden kann.

Ich gehe sehr stark davon aus, dass beispielsweise Personen wie Donald Trump oder Wladimir Putin von dem „Sei-stark-Antreiber" zeitlebens massiv getriggert wurden und werden und sich entsprechend verhalten. Es geht darum, sich durchzusetzen, Grenzen permanent zu verschieben oder manchmal Grenzen einfach zu schließen.

Das Ganze geht so lange weiter, bis eine Bewusstheit in Bezug auf die eigene Persönlichkeitsstruktur einsetzt, beispielsweise durch Coaching oder eine Therapie, was ich in den Fällen der genannten Politiker eher ausschließe. Und so wird eben ein Fass nach dem anderen aufgemacht, um Konflikte zu initiieren, die dazu dienen, sich wieder durchsetzen zu können.

Natürlich ist es von Vorteil, bei Bedarf stark zu sein und gewinnen zu können. Das gehört auch zu den Grundsäulen des Wettkampfsports. Nur sollten wir uns dazu bewusst entscheiden und das Starksein-Müssen nicht als Zwangshandlung leben. Denn das wiederum ist vielmehr eine riesengroße Schwäche.

#33

Innerer Antreiber 3 — Sei gefällig!

Warum wollen wir eigentlich, dass andere gut über uns denken und reden? Ich könnte auch fragen: „Warum wollen wir anderen überhaupt gefallen?“ Na ja, zu den stärksten Bedürfnissen der Menschen zählt nun mal die Anerkennung und natürlich freuen wir uns, wenn wir hören „Das hast du richtig gut gemacht!“ Doch wir sollten uns darüber klar sein, dass Anerkennung ein abhängiges Bedürfnis ist – eben davon abhängig, ob sich jemand dafür entscheidet, uns die Anerkennung zu geben. Wir können die Anerkennung auf unterschiedliche Art und Weise erhalten und eine beliebte Methode ist, es anderen recht zu machen. Unser innerer Antreiber für dieses Verhalten lautet „Sei gefällig!“ Das nimmt uns jedoch die Authentizität und wir spielen im Grunde genommen nur Theater.

Wir dürfen es uns erlauben, für unsere Positionen klar einzustehen! Dann haben wir auszuhalten, dass wir möglicherweise zunächst keine unmittelbare Anerkennung bekommen und temporär auch nicht beliebt sind.

In meiner mentalen Arbeit mit Topsportlern und Führungskräften ist auffällig, dass sie sehr häufig einen Mix aus Positivität, Deutlichkeit und konstruktiver Konfrontationsbereitschaft intensiv leben.

Lebe deine Authentizität! Durch sie wird anderen eine Orientierung angeboten und der eigene Selbstwert wird auch genährt. Allerdings kommt die Anerkennung dafür eher etwas später und meist unerwartet, aber darum umso stärker.

#34

Innerer Antreiber 4 — Beeile dich!

Wenn wir zuweilen das Treiben in den Fußgängerzonen betrachten, werden wir feststellen, dass insbesondere vor einkaufsmotivierenden Feiertagen das Tempo steigt. Je näher Weihnachten rückt, umso hektischer wird alles. Es wird sich beeilt, die Dinge „irgendwie" noch unter einen Hut zu bekommen. Wir drehen dabei immer schneller und beeilen uns besonders stark.

Es gibt jedoch Menschen, die durch das gesamte Jahr und damit letztlich durch ihr komplettes Leben hetzen.

Doch ist Beeilen dabei nicht die unkreativste aller Lösungen? Wie wäre es mit klugem Priorisieren, mit Eliminieren, mit Methodenwechsel, um die Lebenszeit endlich bewusst zu würdigen und zu genießen? Wenn wir im Spitzensport auf ein neues Level kommen wollen, funktioniert das nicht durch durchgetaktetes Hetzen. Das ist reines Abarbeiten und überhaupt nicht „champion like".

Das neue Level erreichen wir durch Veränderung der Strategien, durch Aufbrechen von Verhaltensmustern. Dafür benötigen wir Kreativität und auch etwas Mut, um die Dinge mal anders zu machen.

Wenn du zu denjenigen gehörst, die sich situationsunabhängig inneren Zeitdruck aufbauen, dann gehe mal bewusst langsam. Ich könnte auch sagen: bewusst und langsam. Dabei lässt sich besonders gut priorisieren, damit du in würdevoller Souveränität und zeitlicher Komfortabilität durch dein Leben schreitest.

#35

Innerer Antreiber 5 — Streng dich an!

Fühlst du dich manchmal innerlich getrieben und dass du dich in eine Sache stets so richtig reinzuhängen hast – nach dem Motto „ohne Fleiß kein Preis"? Einer unserer inneren Antreiber lautet: „Streng dich an!" Anders ausgedrückt – wenn es nicht anstrengend ist, kann ich keinen Erfolg haben. Das stimmt auch, aber nur zum Teil – Erfolg kann und vor allem darf auch leicht sein.

Gute Ergebnisse sind auch eine Konsequenz von guten Entscheidungen und klugen Handlungen. In einem Seminar für einen großen DAX-40-Konzern klagte einer unserer Teilnehmer, ein gestandener Mann von fast 50 Jahren, Folgendes: „Mein Papa wollte immer, dass ich mich anstrenge. Nur wenn ich mich so richtig angestrengt hatte, war ich ein guter Junge. Und ich wollte nur, dass mein Papa mich einmal lobt, er hat es aber nie gemacht. Und wenn ich ganz ehrlich da heute nochmals draufschaue, dann strenge ich mich immer noch an, damit er mir sagt, dass ich etwas gut mache." Dann brach er in Tränen aus – und das war gut, denn nun konnten wir das Thema mit ihm bearbeiten und ihn unterstützen, sich von dem so sehnlichst erwünschten Statement des Vaters unabhängig zu machen. Ein halbes Jahr später trafen wir uns wieder. Er strahlte – denn er war frei. Für eine Sache engagieren kann er sich auch heute noch, nur ist es eben keine Zwangshandlung mehr. Und darum geht es!

Ich wünsche dir, dass du in der Lage bist, dich von Zwangshandlungen freizumachen, und dich vielmehr bewusst so im Leben engagierst, wie du es tief im Innern wirklich willst.

#36

Konstruktiver Umgang mit Ängsten

Sehr viele Menschen haben oder empfinden Ängste. Die bloße Angst zu scheitern, in der Schule eine schlechte Note zu schreiben, abgelehnt oder wirtschaftlich erfolglos zu sein – all das sind nur einige der weit verbreiteten Ängste. Falls dich das Thema Ängste auch betrifft, kannst du mit einem kleinen Wortkniff schon eine Menge auflösen.

Stelle dir einfach die Frage, ob es wirklich Ängste sind. Bei allem Respekt vor der aktuellen Situation: In der Regel stimmt nämlich die Wortwahl nicht. In den meisten Fällen ist es tatsächlich angebrachter, von Respekt oder Sorge zu sprechen, das ist etwas ganz anderes. Oft höre ich von Sportlern: „Ich habe Angst vor dem nächsten Match.“ Schüler und Studenten sprechen von Angst vor der Prüfung. Bei Angst schwingt immer ein starkes Maß an Ohnmacht und Handlungsunfähigkeit mit. Weder Sportler noch Schüler und Studenten sind jedoch ohnmächtig oder handlungsunfähig, sondern sie haben sich auf die Situation einzustellen, sich vorzubereiten und können an ihrer Haltung arbeiten. Wenn die genannten Personen sich dahingehend kritisch überprüfen, verbessert sich deren innere Ruhe sehr oft unmittelbar und deutlich.

Als ich einen Mental-Workshop für das Juniorinnen-Nachwuchsteam des Deutschen Tennis Bundes gab, war einen Tag vorher der dreifache Wimbledonsieger Boris Becker Referent. Die Spielerinnen fanden es großartig, dass Boris Becker das Wort „Angst“ so definierte: „Angst hat man vielleicht vor körperlicher Gewalt oder wenn man kein Essen und Trinken hat, aber doch nicht in einem Tennismatch.“ Zugegeben – die individuelle Situation ist für viele Menschen oft ernster als ein Tennismatch.

Wir sollten uns immer bewusst sein, dass bei allen Herausforderungen meistens Raum zum Handeln bleibt. Achte also auf deine Gedanken und Worte, denn das allein kann eine große Hilfe sein, um die unheimlichen Berge im Hirn kleiner zu machen oder sogar komplett abzutragen.

#37

Versöhne dich mit dir selbst

Ein Gedanke kommt mir immer wieder, vor allem in herausfordernden Zeiten. Während wir, die „ganz normalen Bürger“, die großen Herausforderungen wie Kriege und Naturkatastrophen nicht wirklich unmittelbar eindämmen oder eliminieren können, so haben wir jedoch über den Frieden in uns selbst mehr Macht, als wir oftmals glauben.

Damit meine ich in erster Linie nicht persönliche Tragödien, die selbstverständlich eine Zeit des Verarbeitens oder Trauerns bedürfen. Ich meine vielmehr die weniger großen Themen, die uns belasten und die wir größer machen, als es sein müsste. Die wir aus Gewohnheit auch noch unnötig

lange groß halten. Ich meine die Niederlagen, ob beruflich, sportlich oder privat. Ich meine die Irrtümer und Missgeschicke, aus denen wir zu lernen haben. Wie oft hören oder sagen wir selbst: „Ach, hätte ich nur dies oder jenes getan oder nicht getan." Du hast es aber getan oder nicht getan und wahrscheinlich aus einem Grund.

Ob der Grund gut oder nicht gut war, wer kann das schon beurteilen. Jedoch ist eines klar: Sofern wir uns nicht bewusst destruktiv oder bösartig verhalten, entscheiden und handeln wir letztlich stets aus Überzeugung oder weil wir es eben zu dem jeweiligen Zeitpunkt nicht besser wussten oder konnten. Und diese Erkenntnis sollte es uns dann umso einfacher machen, uns vielfach selbst zu vergeben und uns mit uns selbst zu versöhnen.

Wir können nur dann wirklichen Frieden in die Welt tragen, wenn wir ihn in uns selbst erkennen. Gehe daher auch gut mit dir selbst um und schließe Frieden mit dir.

#38

Umbruch

Ich habe den Eindruck, dass wir uns in stärkeren Umbruchzeiten als noch vor einigen Jahren befinden. Allein die Tatsache, dass wir im Sommer 2022 vorbereitet wurden, aus Notwendigkeit im Herbst und Winter mit der Heizung sparsam umzugehen, damit hätte noch vor Kurzem wohl niemand gerechnet. Gleichwohl finde ich das gut, damit wir aus unserem umweltschädigenden Verschwendungsverhalten endlich mal herausfinden. Das ist aber ein anderes Thema.

Ich möchte dir, falls du dich mit Umbruch schwertun solltest, folgende drei Impulse geben:

1. Alles ändert sich immer – das ist die stärkste Konstante, die es gibt. Somit ist die Veränderung, die einen Umbruch mit sich bringt, ein Lebensprinzip. Veränderung ist nicht schlimm, sondern normal.
2. Wenn es uns schwerfällt, etwas loszulassen, dann ist das wiederum ein Indiz dafür, dass etwas gut, richtig und stimmig war. Das ist prinzipiell eine positive Information. Denn dann haben wir offensichtlich unsere begrenzte Lebenszeit gut investiert und genutzt.
3. Unsicherheit beschreibt mögliche Risiken, weil wir nicht wissen, wie etwas wirklich wird. Die Unsicherheit eröffnet zugleich auch Chancen. Denn durch die Veränderung

werden Dinge durchmischt, neu sortiert und das Chancenfeld erweitert sich. Hier liegen die neuen Perlen, nach denen wir suchen dürfen und die wir finden können. Und darum geht es!

Es ist unmöglich, alles Alte und Bisherige stets zu bewahren und zugleich viel Neues in absoluter Sicherheit kennenzulernen. Dann wären wir „Lebensmessies" und könnten uns irgendwann vor lauter Last nicht mehr bewegen.

Wir müssen das eine oder andere über Bord werfen, wie bei einem Ballon, der in die Höhe steigen will – sonst kommen wir nicht weiter – und das Leben ist nun mal eine Entwicklungsreise. Ich wünsche uns allen eine optimistische und inspirierende Zeit sowie eine gute Reise.

3
Wie du knackige Situationen meisterst

Auch mit der besten Vorbereitung und dem positivsten Mindset gibt es sie: die knackigen Situationen im Leben. Momente, in denen du an dir zweifelst und dich immer wieder hinterfragst, ob du auf dem richtigen Weg bist. In denen die Negativität nur so aus dir heraussprudelt und du kurz vorm Aufgeben bist.

Lasse dir gesagt sein: Das ist völlig normal. Auch ich erlebe trotz meiner jahrelangen Erfahrung als Mentalcoach für Sport und Business noch Situationen, in denen es mir zunächst mulmig zumute wird. Momente, in denen ich die Lösung auf den ersten Blick überhaupt nicht sehe und die Unsicherheiten auszuhalten habe.

Wie ich mit solchen Situationen umgehe und wie auch du es schaffen kannst, ruhig und lösungsorientiert zu bleiben sowie deinen Fokus nicht zu verlieren, erfährst du in diesem Kapitel.

#39

Resilienz bewusst leben

Was bedeutet der Begriff Resilienz? Wenn ich diese Frage in meinen Vorträgen und Seminaren stelle, gibt es, obwohl man Resilienz immer häufiger hört und liest, nur selten eine präzise Antwort. In Bezug auf das menschliche Verhalten in anspruchsvollen Situationen lässt sich Resilienz sehr gut mit „Widerstandsfähigkeit durch Elastizität" übersetzen, und zwar idealerweise durch das Zusammenspiel von geistiger und körperlicher Elastizität.

Im Mental- und Führungskräftecoaching setze ich dabei gerne die folgenden sieben Säulen ein:

1. Optimismus: Erlaube dir, dass es wieder besser werden darf, und sei bereit für Chancen.
2. Akzeptanz: Je schneller du eine Niederlage, einen unerwünschten Zustand als Fakt akzeptierst, umso besser.
3. Lösungsorientierung: Nur weil du die Lösung noch nicht kennst, heißt es nicht, dass sie nicht vorhanden ist. Mache dich bewusst auf den Weg, sie zu finden.
4. Raus aus der Opferrolle: „Leiden ist leichter als Lösen" – ein tolles Statement von Psychoanalytiker Bert Hellinger, der dies bereits letztes Jahrhundert sagte – Schluss mit dem Jammern und der Gedankenfaulheit!
5. Verantwortung übernehmen: Na klar, du, ich, wir – im-

mer für unsere eigenen Themen. Wer soll das denn sonst machen?

6. Netzwerke aufbauen: Schiebe das Ego zur Seite und lasse dir helfen.
7. Die Zukunft planen: Jetzt kannst du aktiv werden und neugestalten.

Also – wenn es anspruchsvoll ist oder wird, verhalte dich möglichst resilient! So erhöhst du die Chance erheblich, dass die Dinge sich schneller bessern und die Sonne wieder für dich scheint.

#40

Kritikfähigkeit

Es gibt Menschen, die sind sehr kritikfähig, andere sind es nicht. Womit hängt das zusammen und wie lässt sich Kritikfähigkeit für jeden selbst, für ein Team oder in den Familien entwickeln?

Fehlende Kritikfähigkeit hängt in der Regel mit persönlichem Minderwertüberzeugungen und geringem Selbstvertrauen zusammen, also mit einer Unsicherheit in Bezug auf sich selbst, die zahlreiche Ursachen haben kann. Wenn wir auf einen Menschen mit solch einem Persönlichkeitsbild treffen und ihn deutlich kritisieren, dann erwarten uns üblicherweise zwei mögliche Reaktionen. Angriff oder Flucht, Aggression oder das Sich-in-das-eigene-Schneckenhaus-Verkriechen. Beides ist wenig erwachsen und in einer konstruktiven Kommunikation fehl am Platz.

Kritikfähigkeit lässt sich verbessern:

- Zunächst für dich selbst: Stelle dir bei negativer Kritik immer die Frage, was an der Kritik dran sein könnte. Hast du etwas übersehen? Entscheide dich, negative Kritik von der emotionalen Ebene wegzunehmen und diese ausschließlich analytisch zu betrachten. Stichwort: Trennen von Person und Sache.
- Die Kritikfähigkeit anderer Personen lässt sich unterstützen, wenn diese Personen sich sicherer fühlen. Das bedeutet, dass du in der Begegnung mit kritikunfähigeren Menschen diesen durch Wertschätzung und Anerkennung eine stabile Basis baust, auf der sich dann leichter auch deutliche Kritik äußern lässt.

Kritik an sich kann prinzipiell negativ oder positiv besetzt sein, und wir haben immer die Wahl, uns zu entscheiden, ob wir nur das hören wollen, was uns bestätigt, oder vielleicht das, was uns entwickelt.

Solange die Kritik nicht in permanente negative Beweisführung abdriftet, sondern fundiert ist und ein gesunder, stärken-

der Gegenpol besteht, ist sie ein wunderbares Entwicklungstool. Viel Spaß und Erfolg bei der Umsetzung.

#41

Aus Konflikten einen Gewinn erzielen

Wenn du an das Wort „Konflikt" denkst, – was macht das mit dir, wie fühlst du dich damit? Den meisten Menschen gibt dieses Wort zumindest kein gutes Gefühl. Ein Konflikt ist oftmals eine schwierige Situation, die zu einem Zerwürfnis führen kann. Ganz genau – zum Zerwürfnis führen kann, aber nicht muss.

Ein Konflikt bietet die Gelegenheit, Diskrepanzen, die oft schon lange im Verborgenen existierten, nun zu artikulieren, zu klären und auszuräumen. Das Mittel, um einen Konflikt auszutragen, ist der Streit. Um einen Streit auf eine konstruktive Art auszutragen, bedarf es einer qualitativen Streitkultur. „Streitkultur schließt [...] die Überzeugung ein, dass der Streit grundsätzlich Positives beziehungsweise Bedeutendes hervorbringen kann, da er alte Normen und Fakten in Frage stellt und nach der Möglichkeit von Alternativen Ausschau hält, ..."[2] Somit kann ein Konflikt, der in einen Streit mit konstruktiver Streitkultur mündet, ein enormes Entwicklungs- und Optimierungstool sein.

Ganz wichtig ist das Trennen von Person und Sache, was wiederum bedeutet, inhaltliche Differenzen nicht auf die Verhaltensebene zu transferieren. In Firmen, die eine Supportabteilung haben, werden konfliktträchtige Themen mit Kunden bewusst eskaliert: Der Konflikt wird durch die entsprechenden Instanzen zugespitzt, um ein Thema zu lösen. Auch hierbei spielt die Art und Weise, allem voran eine gewaltfreie Kommunikation, eine erhebliche Rolle, damit am Ende ein Gewinn durch die Eskalation entsteht. Ganz oft schweißt das Meistern eines Konflikts auf einem entwickelten Level die beteiligten Personen, umso mehr oder vielleicht auch zum ersten Mal, so richtig zusammen.

Der 180-fache deutsch-kanadische Eishockeynationalspieler Harold Kreis und als Deutscher Eishockey-Nationaltrainer sensationell 2023 Vize-Weltmeister, ist gern gesehener und häufiger Co-Referent in unserer „von Kunhardt Akademie". In einem seiner Vorträge sagte er zu dem Thema: „Ein Konflikt ist die Möglichkeit, ein besseres Ergebnis zu erzielen."

Insofern – wenn du einen Konflikt hast, sehe die Chancen dahinter!

#42

Lass konstruktive Reibung entstehen

Wenn wir erfolgreiche Teams näher analysieren, ob im Business, Sport oder im Privatleben, dann fällt auf, dass diese Teams eine sehr gute Streitkultur haben. Im Wesentlichen geht es bei einer guten Streitkultur darum, unterschiedliche Standpunkte und Meinungen zu vertreten und generell gegenseitig anzuerkennen, dass diese nun mal existieren. Dadurch entsteht konstruktive Reibung, die dazu führt, Dinge infrage zu stellen und besseren Lösungen Raum zu geben. In einer entwickelten guten Streitkultur ist die Tatsache, dass es einen Konflikt gibt, ein wunderbares Potenzial zum Fortschritt.

In einer schlechten Streitkultur enden die unterschiedlichen Positionen meistens in persönlichen Attacken und sind somit rückschrittlich. Natürlich ist das Trennen von Person und Sache eine Grundvoraussetzung für eine konstruktive Diskussion. Es sollte demnach möglich sein zu sagen: „Ich schätze dich wert und deine Leistung ist aktuell ungünstig für unser Unternehmen.“ Im Konflikt zeigen sich Charakter und Persönlichkeit. Wenn wir in guter Absicht unterwegs sind, können wir uns gemeinsam wunderbar entwickeln. Die Art und Weise, wie die unterschiedlichen Standpunkte vertreten werden, lassen somit auch sehr schnell Rückschlüsse auf die Teamqualität zu.

Wenn sich für dich diese Woche eine konfliktwürdige Gelegenheit bietet, vertrete deinen Standpunkt klar und angstfrei – in guter Absicht. Es gibt anspruchsvolle Diskussionskandidaten, natürlich, und meistens sind es die anderen.

Es gibt viele, die sich danach sehnen, sich qualitativ wertschätzend zu konfrontieren. Das ist ein hochinteressanter Nährboden für Fortschritt im Sport, Business und auch im Privatleben. Viel Spaß mit etwas Reibung in guter Absicht.

#43

Stelle dich der Herausforderung

Immer wieder haben wir es mit Herausforderungen zu tun, vor denen wir uns ganz gerne drücken möchten – im Sport, im Job und auch im Privatleben. Wie lösen erfolgreiche Persönlichkeiten solche Situationen und was können wir von ihnen aus mentaler Sicht lernen? Sechs Punkte möchte ich hervorheben:

1. Mut: Sei bereit, dich zu konfrontieren, Ungewissheit in Bezug auf das Ergebnis und kalkulierte Risiken in Kauf zu nehmen – z. B. das Risiko zu scheitern. Basketballer Michael Jordan, Boxer Muhammad Ali oder Business-Ikone Steve Jobs – sie haben Dinge anders gemacht, sind öfters gescheitert, haben daraus gelernt und hatten insgesamt grandiosen Erfolg. Eines hatten sie gemeinsam und das zeichnet die meisten erfolgreichen Menschen aus: Mut!
2. Vorbereitung: Ein wichtiger Schritt, Herausforderungen zu meistern, liegt darin, sich bestmöglich vorzubereiten. Für eine Prüfung in der Ausbildung oder im Job triffst du deine Vorbereitung in der Regel dadurch, dass du dich ausgiebig mit einem geforderten Themengebiet befasst. Vor einem wichtigen Mitarbeitergespräch überlegst du vielleicht, was du sagen willst, wie du dies sagen möchtest und was dir dabei wichtig ist. Aber genügt dies wirklich schon

im Sinne einer optimalen Vorbereitung auf eine Herausforderung? Die adäquate Vorbereitung auf einen sportlichen Wettkampf ist oftmals von verschiedenen Ritualen und Methoden geprägt, die u. a. dazu da sind, Selbstvertrauen herzustellen, den Fokus zu finden oder die Motivation hochzuhalten. Eine Methode ist beispielsweise die Visualisierung. Dabei ist deine Vorstellungskraft gefragt. Indem du gewisse Abläufe oder Situationen visualisierst, könntest du dich mental vorbereiten, auf eine Aufgabe fokussieren oder Motivation und Vertrauen für einen besonders schwierigen Schritt finden. Manchmal kann es auch helfen, sich das Worst-Case-Szenario einer Situation auszumalen und dadurch für Misserfolge und Störungen zu wappnen oder sich schlicht mit der Angst eines negativen Outcomes direkt zu konfrontieren. Gerade diese Vorbereitungsmethoden aus dem Sport können und sollten wir auch im Berufs- und Privatleben nutzen und anwenden.

3. Fleiß: Ganz am Ende entscheidet vor allem bei sehr hohen Herausforderungen nicht das Talent. Von Topsportlern wie Christiano Ronaldo ist bekannt, dass sie einfach mehr trainieren, also bereit sind, es sich unbequem zu machen und durch professionelle Vorbereitung mehr für das Gelingen ihres Vorhabens zu investieren.
4. Anspruch: Ich stelle im Coaching oft fest, dass viele Menschen es sich tatsächlich nicht erlauben, einen wunderbaren Erfolg zu haben. Das klingt krass, ist aber so. Wenn du damit happy bist, dann ist ja alles gut. Wenn du jedoch

dein Potenzial stärker nutzen möchtest, dann sei es dir bitte selbst wert, deinen Anspruch an dich und deine Ergebnisse zu erhöhen, und lege los.

5. Flexibilität: Wir stellen uns Herausforderungen oft deshalb nicht, weil wir lieber die Situation komplett kontrollieren wollen. Sich der Ungewissheit zu stellen, ist jedoch die Voraussetzung für Entwicklung. Wenn du dir sagst „Ich bin gut vorbereitet und habe mindestens 30 % an Flexibilität mit an Bord", dann hast du einen sehr guten Mix. Mit genau dieser Einstellung halte ich übrigens meine Vorträge vor vielen tausend Menschen.
6. Lernen: Die Lernreise hört nie auf. Nelson Mandela sagte einmal: „Entweder wir gewinnen oder wir lernen."

#44

Halte durch

Wie schafft man es, schwierige Situationen zu meistern und vor allem auch durchzuhalten? Indem wir es eben nicht als ein Durchhalten ansehen, sondern vielmehr kreativ nach vorne schauen!

Doch gehen wir Schritt für Schritt vor. Zunächst geht es um Akzeptanz. Mentale Stärke bedeutet auch, einen Fakt sofort zu akzeptieren. Der nächste Schritt ist, dass wir uns die

Frage stellen: Was ist der Gewinn aus einer doch eher unerwünschten Situation wie z. B. dem Lockdown in der Covid-19-Pandemie? Wenn so viele Ablenkungs- und Konsummechanismen ausgeschaltet werden, kann ein Gewinn auch sein, hier und da sich selbst mal wieder mehr zu überprüfen. Oder wie wäre es, solche Situationen als Zusatzmotivation für ein sehr erfolgreiches neues Jahr zu nehmen?

Es geht darum, auf keinen Fall in die Opferrolle zu rutschen, sondern in der Eigenmacht zu bleiben. Lasst uns selbstwirksam nach vorne handeln. Vielleicht hilft auch der Satz „A little bit of pain for a long term gain" – also etwas Schmerz für einen langfristigen Gewinn.

Durch die Situation haben wir etwas zu lernen – als Menschheit insgesamt. Weniger Negativität und mehr Positivität, weniger Krieg und mehr Frieden, weniger Intoleranz und mehr Toleranz, weniger Emission und mehr Nachhaltigkeit, um nur ein paar Beispiele aufzuzählen.

Ich denke, es gibt sehr, sehr vieles, was wir individuell und gesellschaftlich konstruktiv nach vorne bringen können. Welche individuelle und gesellschaftliche Rolle willst du einnehmen? Ich wünsche dir eine gute Hand und positive Entschlossenheit.

#45

Krisen als Entwicklungsturbo

Ich habe eine Frage an dich: „Was fördert die stärkste Entwicklung, z. B. im Sport und auch generell?“ Die Antwort lautet: „Ein vorausgegangener Rückschlag, eine Niederlage, ein herber Misserfolg.“ Erst dann sind wir nämlich ernsthaft bereit, Dinge radikal zu verändern und zu verbessern.

Tennisstar Rafael Nadal ist nach jeder Verletzung stärker zurückgekommen, weil er dann jeweils sein Spiel besonders weiterentwickelte. Zwei gravierende weitere Beispiele:

- Erst durch das Reaktorunglück in Fukushima im Jahre 2011 wurde der Ausstieg aus der Atomenergie wirklich beschleunigt.
- Aus dem Desaster des 2. Weltkriegs hat sich mit einer konstruktiv gelebten Demokratie die stabilste Regierungsform überhaupt mit immerhin mehr als 75 Jahren Frieden in Deutschland etabliert.

Oft bedarf es erst der Krise, bis sich die Dinge erheblich bessern und wir bereit sind, zu lernen. Das ist im Großen so und auch im Kleinen – das gilt für die Weltpolitik wie für unseren Alltag.

Somit stelle ich dir folgende Frage:

„Was bist du bereit, aus den Krisen der aktuellen Zeit zu lernen? Und zwar für dich individuell und persönlich, für uns in Deutschland, für uns alle weltsystemisch gesehen?" Es lohnt, sich darüber Gedanken zu machen. Du kannst auch gerne heute schon beginnen. Ich bin sicher, dass dabei wunderbare und sehr wertvolle Ideenschätze geborgen werden können. Ich wünsche dir in jedem Fall von Herzen viel Erfolg dabei!

#46

Misserfolgstoleranz

Stellst du dich gerne neuen Herausforderungen oder lieber nicht? Und wie schaffen es Spitzensportler mental, sich immer wieder einem Wettbewerb mit ungewissem Ausgang zu stellen? Nun – das liegt zu einem großen Teil in einer ausgeprägten Misserfolgstoleranz. Dieser Begriff wird in der Öffentlichkeit mittlerweile des Öfteren bemüht, doch was bedeutet Misserfolgstoleranz oder auch Frustrationstoleranz und was können wir davon für den Alltag lernen?

Im Wesentlichen handelt es sich hierbei um die Bereitschaft zu scheitern. „Misserfolgstolerante" Sportler stellen sich dem Wettkampf und nehmen dabei in Kauf, dass Dinge nicht gelingen und möglicherweise eine Niederlage als Ergebnis steht. Doch diese Niederlage ist nicht das Ende der

Welt, die Sportler lernen durch die Niederlage, und im Anschluss kann eine neue Herausforderung gesucht werden. Das wissen und vor allem spüren mental ausgebildete Sportler ganz stark. Dadurch ist die Nervosität niedriger und sie können sich deutlich besser auf ihre Aufgabe im Wettkampf fokussieren, was wiederum dazu führt, dass sich die Erfolge leichter einstellen. Viele Menschen machen sich die Berge zu groß und stellen sich erst gar nicht einer Herausforderung, weil sie eine mögliche Niederlage nicht aushalten wollen. Das dann gekränkte Ego und zu geringe Selbstvertrauen bringen sie dazu, lieber bereits im Vorfeld zu kneifen. Doch nur dann, wenn wir dorthin gehen, wo wir Unsicherheit in Kauf nehmen, wo wir scheitern können, wo es unbequem ist und möglicherweise etwas wehtut, können wir unsere Leistungsqualität und unsere Persönlichkeit entwickeln. Der wahrscheinlich beste Basketballer aller Zeiten, Michael Jordan, hat einmal gesagt: „Ich kann Misserfolge akzeptieren, jeder scheitert irgendwann. Aber was ich nicht akzeptieren kann, ist, es gar nicht erst versucht zu haben.“

Insofern sei mutig, stelle dich und schreite entschlossen voran. Auch deine Niederlagen sind wertvolle Erfahrungen und bringen dich weiter.

#47

Wirkungsvoller Umgang mit Rückschlägen

Um zu lernen, mit Rückschlägen umzugehen, ist es nützlich, dass wir die Rückschläge als völlig normalen Bestandteil des Lebens ansehen. Immer dann, wenn wir uns auf den Weg begeben, etwas Neues zu erreichen, wenn wir uns fordern und die so oft beschriebene Komfortzone verlassen, ist es sozusagen „Part of the deal", dass wir mit Herausforderungen und auch Gegenwind zu rechnen haben.

Die Tatsache, dass Menschen bei gleichen Voraussetzungen erfolgreicher sind als andere, hat viel damit zu tun, wie etwaige Rückschläge interpretiert werden. Warum schmeißt jemand bei der ersten Schwierigkeit gleich das Handtuch, während ein anderer dadurch erst recht motiviert wird, noch besser nach vorne zu schreiten? Weil dies zum einen mit den bisher gemachten eigenen Erfahrungen und Übungen in dieser Hinsicht zu tun hat. Und zum anderen, weil wir jederzeit die Möglichkeit haben, die Dinge und Situationen für uns jeweils ungünstig oder eben günstig zu interpretieren. Im Alltag geht es dabei gar nicht so oft ums Gewinnen und Verlieren, sondern eher um Hindernisse und Rückschläge Das kann der Stau auf der Autobahn sein oder die kaputte Waschmaschine zu Hause. Es ist normal, dass Dinge anders kommen, als wir erwarten. Weil eben sowohl im Alltag als auch erst recht bei mutigen Menschen, die etwas voranbringen wollen, Rückschläge und Irritationen vollkommen normal sind, empfehle ich, einen Rückschlag unbedingt von der eigenen Emotionalität zu trennen und diesen auf die Interessensebene, gerne mit etwas Humor, zu heben. So nach dem Motto: „Ach, das ist ja interessant, dass die Waschmaschine jetzt kaputt geht. Ich hätte gedacht, dass das viel früher passiert."

Wie auch immer du Widrigkeiten angehst und auflöst, bleibe in deiner Souveränität, sei offen für neue Erkenntnisse und dann geht's von Neuem weiter.

#48

Finde deine Balance

Sogar bei höchsten Anforderungen in der Balance bleiben und nach einem Rückschlag sofort wieder in die Balance zurückfinden – beides sind sehr bedeutende Kriterien einer mentalen Stärke. Bei Olympia können wir querbeet durch alle Sportarten als Zuschauer gut beobachten, welch enorme innere Balanceleistungen die Topsportler:innen vollbringen.

Auch wir werden in unserem Alltag mit Situationen konfrontiert, die uns aus der Balance bringen können. Misserfolge wie ein gescheitertes Projekt, ein nicht erhaltener Auftrag oder die abgelehnte Bewerbung sind solche Beispiele. Es kann ebenso eine nicht immer klar zu begründende Stimmungsschwankung oder eine eigene Dysbalance oder die unserer Mitmenschen sein, die uns beansprucht.

Sicher, es gibt verheerende Unglücke mit besonderen Dimensionen – das ist ein anderes Thema. Umso mehr können wir uns hinterfragen, wie groß viele der vermeintlichen Sorgen im Alltag wirklich sind, und vor allem, was uns in der Balance hält oder zumindest schnell wieder hineinbringt.

Drei Vorschläge habe ich für dich:

- Mache einen gedanklichen Zeitsprung: Wie sehr würde dich das aktuelle Thema, das dich negativ triggert, noch in fünf Jahren beschäftigen?

- Was ist dein stärkster Balanceanker? Suche dir einen Gegenstand, ein Bild, schreib es dir auf oder stell ihn, sie oder es dir einfach nur vor. Wenn du den Anker brauchst, greife ganz bewusst darauf zurück.
- Was ist der Gewinn aus der herausfordernden Situation? Hast du etwas zu verändern oder holst du dir nun erst recht eine Portion Extramotivation für deine Ziele?

Du kommst sicher auf weitere Ideen, um dich zu balancieren. Das Entscheidende ist der vorangegangene Entschluss, es wirklich zu wollen. Die Sportler:innen bei Olympia haben diesen Entschluss frühzeitig getroffen. Ich wünsche dir viel Erfolg und eine balancierende Umsetzung.

#49

Wage einen Neustart

Immer wieder erleben wir in den unterschiedlichsten Situationen einen Neustart. So wie der Frühling jedes Jahr die Natur zum Leben erwachen lässt, ist auch ein Neustart im Beruf, im Sport oder auf persönlicher Ebene etwas Wertvolles. Vielleicht befindest du dich gerade in einer solchen Situation. Was bedeutet dies generell für Personen, die sich in einem Neustart befinden?

Die Veränderungen bringen neue Chancen mit sich, weshalb es Sinn macht, chanceninteressiert zu denken. Ich möchte das am Beispiel der Bundesliga-Fußballer im Jahr 2021 verdeutlichen. Ja, die Atmosphäre im Stadion fehlte – keine Frage. Und ich wurde oft in Interviews gefragt, ob das nicht schwierig für die Spieler sei. Für den einen ja, für einen anderen nicht. Denn für einige Spieler ist es durchaus vorteilhaft, sich komplett auf das Spiel zu fokussieren – ohne kollektives Anfeuern, Auspfeifen oder die unsäglichen Beschimpfungen. Die Situation war verändert und es fand eine stärkere Gleichschaltung der Akteure auf dem Platz statt. Jeder Einzelne konnte sich nochmals neu positionieren und mit jedem Einzelnen hat die Lockdown- und Zuschauerpause auch etwas gemacht.

So ist es ebenfalls im Alltag, auch hier können sich neue Chancen auftun. Was wolltest du im Job schon immer mal ausprobieren? Was willst du ändern, loswerden, klären? Jetzt ist eine sehr gute Gelegenheit, weil es immer Gelegenheiten gibt. Nutze die Chance für deine neue Positionierung in deinem Team, für eine vielleicht bessere Präsenz, das bewusste Eintreten für deine eigenen Interessen und die entsprechende Umsetzung. Schiebe nichts weiter auf, handle jetzt!

Wenn die Power da ist, wenn wir Kraft und Aktivität verspüren, spätestens dann gilt es loszulegen. Doch damit nicht genug, lasst uns mal schauen, wie wir diesen Schwung weiter verstärken können. Hierzu drei Aktivitäts-Turbo-Tipps:

- Fang heute noch an – was auch immer es ist: Ob du dich mehr bewegen willst, ob du ein neues Business aufbauen möchtest oder wenn du ein neues Hobby leben und pflegen willst – fang heute an!
- Stelle dir vor, welchen Gewinn du durch deine neue Aktivität erzielen wirst: bessere Gesundheit, vielversprechende berufliche Perspektiven oder einfach mehr Freude. Schreibe es dir gut sichtbar so auf, dass du den zukünftigen Gewinn auch jeden Tag siehst.
- Hole dir Unterstützung. Binde andere Personen in dein Vorhaben ein, die mit dir Sport treiben, die dich für deine berufliche Entwicklung beraten und unterstützen oder denen du einfach erzählst, was du ab sofort machen willst, mit der Bitte, dich zu überprüfen, dass du es auch einhältst.

Es ist ein riesengroßer Irrtum, wenn wir glauben, dass wir noch so viel Zeit haben. Es ist alles eben sehr begrenzt. In meinem Job als Coach, ob im Sport oder Business, ist mir eine Sache stets von Neuem deutlich geworden: Wenn Menschen Aktivität verspüren, dann gilt es, sich umgehend zu entscheiden und sofort „in die Puschen" zu kommen. Denn wie an der Börse folgt auch bei uns Menschen oft auf einen positiven Schub ein Abschwung – und dann wird's deutlich schwerer, etwas Neues auf die Bahn zu bringen.

Ich wünsche dir beste Chancenorientierung und Erfolg bei deinem persönlichen Restart.

#50

Aufbruch

Vor Wahlen signalisieren die Parteien gerne, dass ihre Politik für ein neues Zeitalter stehen soll – auch wenn es oft genug nicht gelingt. „Erneuerung und Aufbruch“ sind dabei die Stimmenfänger, genau das scheint immer wieder ein besonderes gesellschaftliches Bedürfnis zu sein. Im Spitzensport ist es ein Standard. Permanente Weiterentwicklung ist ein „Muss“ für Sportler:innen und Teams, die lange an der Spitze stehen oder zumindest konkurrenzfähig sein wollen. Die Kunst dabei ist, das zu verabschieden, was nicht zu einem gewünschten Ergebnis beiträgt, das Gute zu bewahren und weiterzuentwickeln sowie Neues zu lernen, zu erschaffen, um es im Leistungssystem zu implementieren.

So weit, so gut – wer Neuem Raum geben möchte, hat Altes zu verabschieden. Reflektiere dich bitte mal ebenso kritisch, wie Spitzensportler es tun: „Wie ist das bei dir? Geht es voran?“ Wenn dem so ist, super! Wenn nicht, woran liegt es und was sollte passieren und eintreten, damit dies möglich ist? Oft sind es die hausgemachten Blockierer, die eine Entwicklung unterbinden.

„Ich bin nicht gut genug“, ist einer dieser Selbstblockierer. Das Verrückte dabei ist, dass die negative Selbstbeurteilung häufig überhaupt nicht stimmt, sondern wir uns schlicht nicht vorstellen können, weiter zu sein, als wir es heute sind. Du benötigst Fantasie und Selbsterlaubnis, um die Möglichkeit vorzubereiten, ein neues Level zu erreichen. Wenn dieser mentale Wegweiser erst mal aufgestellt ist, dann gilt es, zu handeln und – ganz wichtig – Unsicherheit auszuhalten. Ein kleines Kind scheitert etliche Male bei den ersten Steh- und Gehversuchen – und auf einmal klappt es dann.

Erlaube dir, dass auch du eine Zeit brauchst, wenn du etwas Neues anpackst, bis es gelingt. Genau das wünsche ich dir und auch allen neuen Regierungen dieser Welt in guter Absicht.

#51

Entwickle deine Aufstehqualitäten

Die Deutsche Fußball-Nationalmannschaft hat uns im EM-Spiel 2021 gegen Portugal ein großartiges Fußballerlebnis beschert. Zu Beginn war damals Jogi Löws Team drückend überlegen und geriet dennoch durch einen Treffer von Ronaldo in den Rückstand. Beachtlich war, wie sich die Mannschaft dann Schritt für Schritt wieder ins Spiel zurückkämpfte und am Ende einen überzeugenden 4:2-Sieg erzielen konnte. Du kennst genau wie ich auch diese Situationen, wenn wir uns etwas vornehmen und auf einmal alles anders kommt.

Aus mentaler Sicht tun wir gut daran, uns darin zu trainieren, flexibel zu sein und mit Rückschlägen konstruktiv umgehen zu können. Ich spreche hierbei gerne von der „Wenn-Dann-Strategie". Im Beispiel der Fußball-Nationalmannschaft hätte diese beispielsweise lauten können: „Wenn wir ein Gegentor bekommen, bleiben wir positiv und agieren umso couragierter." Auf diese Art kannst du in für dich wichtigen Situationen etwaige Störungsmöglichkeiten im Vorfeld identifizieren und in Ruhe Lösungen vorausdenken und dir parat legen.

Für alle unerwünschte Situationen, die du nicht kennst und eben nicht vorausdenken kannst, empfehle ich den Balance- und Flexibilitätsjoker. Sage dir einfach im Selbstgespräch: „Was auch immer kommt, ich atme tief durch, bleibe in der Balance, flexibel und lösungsorientiert."

Nein, es ist keine Garantie, aus allem Unerbetenen immer gut herauszukommen, aber es ist garantiert besser, als hektisch, kopflos und aktionistisch zu werden.

Rückschläge sind normal, das ist nichts Besonderes. Besonders ist vielmehr, wie wir mit ihnen umgehen. Ich wünsche dir die gleichen Aufstehqualitäten, wie sie das deutsche Team damals gegen Portugal bewiesen hat, und eine gute Zeit.

#52

Grenznutzen des Ärgerns

Emotionen sind das Salz in der Suppe unseres Lebens. Dazu gehört auch die eine oder andere negative Emotion und somit, dass wir uns hier und da mal ärgern dürfen und vielleicht sogar sollten. Dennoch haben wir eine große eigene Macht, den Ärger für uns und unsere Mitmenschen geeignet zu dosieren. Wie kann das funktionieren? Vier Impulse habe ich für dich:

- Das Wichtigste ist, dass wir überhaupt mitbekommen, dass wir uns ärgern. Beobachte mal für eine Woche, wann, warum, wie oft und wie lange du dich ärgerst. Vielleicht möchtest du sogar ein Ärger-Tagebuch führen, um es dir wirklich bewusst zu machen. Allein dadurch gehst du in eine interessierte Haltung und ziehst dich aus dem „Zuviel" an negativen Emotionen und Ärgern wahrscheinlich schon ein gutes Stück heraus.
- Wenn du dein Bewusstsein in Bezug auf dein individuelles Ärgern erhöht hast, entscheide dich dafür, dich deutlich weniger und generell auch nur dann zu ärgern, wenn es eine tatsächliche Relevanz hat.
- Der Ärger an sich kann ein guter Tippgeber sein. Durch den Ärger erhalten wir den Hinweis, dass wir etwas anders sehen oder gerne anders hätten.

- Frage dich also, wenn du dich schon ärgerst: „Was ist die bedeutende Information, die ich gerade erhalte?" Wenn wir verstanden haben, dass der Ärger ein Tippgeber sein kann, dann ist dessen Arbeit ja bereits getan. Ein weiteres Andauern des Sich-Ärgerns ist somit vollkommen sinnlos – an sich sogar dämlich. Insofern nimm dir, wenn du dich schon ärgerst, unbedingt vor, die Dauer des Ärgers radikal zu verkürzen – sagen wir mal auf 5 % der üblichen Sich-ärgern-Zeit.

Du wirst feststellen: Es lebt sich besser mit weniger und kürzerem Sich-Ärgern. Gesellschaftlich betrachtet ist es ohnehin wünschenswert, wenn überflüssiges Ärgern und unnötige Negativität aus dem System verschwinden. Ich wünsche dir eine sehr gute Zeit.

#53

Wechsle mal die Perspektive

Manchmal stecken wir in energieraubenden Situationen fest und kommen einfach nicht voran. Wir sehen die Lösung nicht. Doch nur weil wir die Lösung nicht sehen, bedeutet es keinesfalls, dass es sie nicht gibt.

Unsere zeitweilige Unfähigkeit, Lösungen zu erkennen, hängt zu einem großen Teil mit unseren Glaubenssätzen zusammen. Wir denken und agieren tagein, tagaus immer wieder auf die Art und Weise, die wir kennen und mit der wir uns sicher fühlen, weil wir es über viele Jahre so gemacht haben. Wir ziehen das unglaublich lange durch – selbst, wenn es unangebracht und für uns ungünstig ist. Das ist nicht wirklich klug.

Was in jedem Falle helfen kann, ist ein Perspektivwechsel. Im Mentalcoaching übe ich das häufig mit entwicklungsin-

teressierten Sportlern und Führungskräften. Hierzu möchte ich dir eine sehr effektive Methode vorstellen.

Wenn dich ein Thema beschäftigt, zu dem du eine Antwort benötigst, frage dich: „Was würde ich mir selbst empfehlen, wenn ich in 5, 10, 100 oder 500 Jahren auf die heutige Situation nochmals blicken könnte?" In der Regel relativiert sich dann sehr viel.

Zudem kennt ihr sicher auch den Satz: Der Mensch ist ein Gewohnheitstier! Das stimmt zwar nicht, weil der Mensch kein Tier ist, aber in der Tat leben und handeln wir äußerst gewohnheitsorientiert. Gewohnheiten geben uns Sicherheit, wie auch Rituale, also bewusst wiederkehrende Handlungen, es tun.

Allerdings ist diese Sicherheit auch trügerisch und wir tun gut daran, sie immer wieder mal gezielt infrage zu stellen. Denn das, was früher funktioniert hat, muss heute längst nicht mehr funktionieren. Und das, was sich heute für uns noch als guttuende Gewohnheit anbietet, ist morgen vielleicht genau falsch für uns.

Also – was tun? Ganz einfach: Mache einen Perspektivwechsel! Die meisten Lösungen sind simpel und mit etwas Kreativität und Mut können wir diese in jedem Fall leichter entdecken. Ich wünsche dir viel Erfolg dabei und eine entdeckungsreiche Zeit.

#54

Wechsle auch mal die Methode

Ich habe immer gerne Hockey gespielt und hatte zu meiner aktiven Bundesligazeit auch das Glück, in einer sehr guten Mannschaft zu spielen, mit der wir mehrmals Deutscher Meister wurden. Für das Training musste mich niemand motivieren und über all die Jahre kamen so einige Trainer zusammen. Bei einem Trainer spielte ich jedoch am liebsten. Sein Name ist Paul Lissek, er führte später Deutschland zur Olympischen Goldmedaille und trainierte danach noch weitere Nationalteams.

Warum war er für mich mein bester Trainer? Er war unglaublich kompetent und kannte extrem viele Details. Er war nie pünktlich, sondern immer frühzeitig. Paul hatte die Fähigkeit, uns Spieler emotional zu beschäftigen. Ich wusste bereits auf dem Weg zum Training, dass ich mit einem Lerneffekt abends wieder zurück nach Hause kommen würde. Er hat uns als Spieler und als Team grandios entwickelt und es war immer spannend.

Wie hat er das geschafft? Er hat immer wieder die Methoden gewechselt und war dabei innovativ und kreativ. Wenn die Rahmenbedingungen sich plötzlich veränderten, hat er schnell reagiert und ist sofort in den Lösungsmodus eingestiegen. Er hatte die starke Fähigkeit, unerwünschte, neue Realitäten rasend schnell zu akzeptieren und sofort das Beste aus der geänderten Situation zu machen. Methodenwechsel, Kreativität, Innovation und Lösungsorientierung! Genau das benötigen wir! Vielleicht bist du in der Hinsicht auch schon gut unterwegs. Dann gratuliere ich dir dazu. Falls nicht, gehe es an – am Anfang steht der Entschluss dafür. Übrigens: All das eben Erwähnte gilt auch heute noch für Paul.

Gehe auch du mal bewusst aus deiner üblichen Gedankenwelt hinaus und ändere deine Handlungen, um etwas Neues kennenzulernen. Hierzu noch vier Tipps, die als Impuls für einen Methodenwechsel stehen können.

- Nimm die Zahnbürste beim Zähneputzen einmal am Tag mal in die andere Hand.
- Mache generell mal einen Gegenteiltag: Wenn du z. B. normalerweise schnell gehst, bummle ganz bewusst.
- Wenn du aktuell deinen Sport nicht wie gewohnt ausüben kannst, plane dir ab sofort jeden Morgen ein kleines Workout für 10–15 Minuten ein.
- Wenn du es gewohnt bist, deinem Chef oder deiner Chefin möglicherweise nicht das zu sagen, was du denkst, ändere die Methode und komme raus mit dem, was dich beschäftigt.

Wir sind oft geneigt, so viel wie möglich zu kontrollieren. Daher sind wir auch so gewohnheitsverliebt. Das ist zwar sicher, jedoch auch langweilig und wir übersehen dabei so viele Optionen, die oft viel stimmiger für uns sind.

Hierzu noch ein weiteres interessantes Beispiel aus dem Sport: Der US-Amerikaner Dick Fosbury hat den Hochsprung in der Leichtathletik 1968 revolutioniert, indem er als erster Mensch rücklings über die Latte gesprungen ist. Erst wurde er belächelt und dann Olympiasieger. Seine Technik, der Fosbury-Flop, wurde weltbekannt.

Irgendjemand ändert immer mal die Methode – irgendwann! Überlege mal, was das bei dir sein könnte? Ich wünsche dir die Kreativität und den Mut, Methodenwechsel zu erkennen und ihn auch wirklich zu leben!

#55

Wenn A nicht geht und B nicht geht, dann nimm C

Mit Annegret Kramp-Karrenbauer als CDU-Vorsitzende und Jürgen Klinsmann als Trainer von Hertha BSC sind im Februar 2020 zwei prominente Personen ziemlich überraschend zurückgetreten. Es stellt sich die Frage, ob in beiden Fällen alle Optionen ausgelotet wurden, um etwas, wie ursprünglich beabsichtigt, nach vorne und konsequent zu Ende zu bringen. Echte Lösungsbereitschaft und wirkliches Team Play sind in unserer Gesellschaft insgesamt tatsächlich zu wenig gegeben. Viel zu oft vertritt jemand strikt Position A und jemand anderes strikt Position B. Doch was ist eigentlich mit C? Eine Symbiose aus dem Guten. Es gibt nicht nur Schwarz oder Weiß, sondern auch Grau und ganz viele bunte Farben. Wir sollten uns bewusst sein, dass wir sowieso immer nur einen kleinen Ausschnitt aus einem großen Lösungsportfolio selbst erkennen.

Wenn in Konflikten beide Seiten gesprächsbereit sind und aufeinander zugehen, also konstruktive Bewegung existiert, dann entstehen oft bessere Lösungen als A oder B. Das klappt dann, wenn beide Seiten bereit sind, sich zu reflektie-

ren. Wenn eben nicht egogetrieben, sondern sachorientiert gehandelt wird, lässt sich unglaublich viel „wuppen“. Dann sprechen wir im Übrigen auch von einem funktionierenden Team.

Wenn es in einem Dissens nicht vorangeht, stelle dir die Frage: „Was übersehe ich oder was kann ich von der anderen Position lernen?“ Dann verabschiedet sich die Striktheit oftmals wie von Zauberhand und gibt unerwarteten Lösungen Raum. Ich wünsche dir viel Freude und Erfolg dabei, um genau diese Lösungen für dich und auch gemeinschaftlich zu entdecken.

#56

Nutze den Setting-up-Point für dich

Im Tennis nennt man bei Ergebnisgleichstand in einem Match den dann zu spielenden nächsten Ballwechsel Setting-up-Point. Es ist der Ballwechsel, der dem/der Spieler:in aus einer zunächst neutralen Situation heraus einen kleinen Vorteil verschaffen kann.

Erfolgreiche Sportler:innen und Teams haben die Qualität, sich konsequent in genau diesen zunächst neutralen Situationen ihre Vorteile zu verschaffen und zum Abrufen ihrer Bestleistung nicht zu warten, bis sie in Rückstand geraten und es richtig eng wird. Letzteres ist beim Fußball oft wunderbar zu beobachten. Kurz vor Schluss, wenn eine Mannschaft mit einem Tor im Rückstand liegt, entfaltet dieses Team sein komplettes Potenzial, spielt, angetrieben durch die gegen sie tickende Uhr, enorm enthusiastisch und setzt den Gegner massiv unter Druck. Und dann drängt sich mir immer wieder die Frage auf: Warum erst jetzt?

Die Antwort ist aus mentaler Sicht klar: Weil die neutralen Phasen zuvor in Relation zur „Rücken-an-der-Wand-Situation" unterbewertet und somit gute Gelegenheiten schlicht und einfach ausgelassen wurden. Welch eine Verschwendung an Möglichkeiten!

Du kennst das vielleicht auch aus deinem Berufs-, Sportler- oder Privatleben. Der bedeutende Unterschied wird eben genau dann hergestellt, wenn keine Notwendigkeit dafür besteht und wenn der See still ruht.

Wenn du in dem, was du machst und was dir wichtig ist, erfolgreich sein willst, dann sei besonders ambitioniert und engagiert, wenn keine Dringlichkeit gegeben und am wenigsten damit zu rechnen ist.

#57

The Rumble in the Jungle

Jetzt habe ich eine historische Sport-Mentalgeschichte für dich.

1974 boxte Muhammad Ali gegen den damals ungeschlagenen Weltmeister George Foreman im „Rumble in the Jungle" in Kinshasa. Vor dem Kampf sagte Alis Trainer Angelo Dundee zu seinem Schützling: „Ich weiß, wie es dir geht. Du denkst an Foreman, an dessen Muskeln und Erfolge und hast Respekt, Sorge und vielleicht auch etwas Angst, ob du im Kampf bestehen kannst. Aber ich sage dir eins – ihm geht es ganz genauso." Denn Ali galt nicht nur als schnell, sondern auch als besonders clever.

Wenn du in einer Situation bist, in der du zweifelst, ob du dich behaupten, positionieren oder vielleicht durchsetzen kannst, denke daran: „Dein Gegenüber hat ebenfalls mentale Anforderungen zu bewältigen, die dir helfen können, und deine Chancen sind möglicherweise besser, als du bisher dachtest."

Übrigens: Ali gewann den Kampf mit einer sehr klugen Strategie in der 8. Runde durch K.O. und gilt bis heute als bester Boxer aller Zeiten.

Ich wünsche dir viel Erfolg, Mut und Zuversicht für anspruchsvolle und interessante Situationen.

#58

Unsichere Zeiten

Die meisten Menschen in unserer Region, in Deutschland und auch in Europa insgesamt haben derart unsichere Zeiten wie in den letzten Jahren sicher noch nicht erlebt. Welche Möglichkeiten gibt es nun, damit zumindest einigermaßen gut umzugehen?

Ein Worst-Case-Szenario wie z. B. einen Atomkrieg, wollen wir uns sicher alle nicht gerne vorstellen. Dennoch kann es manchmal schon helfen, auch in solch eine Richtung mal zu denken. Warum? Zum einen, um sich bewusst für Frieden zu engagieren, zum anderen, um eben wertzuschätzen, wie gut wir es zumindest aktuell doch haben. Dafür können wir dankbar sein und wir tun gut daran, uns eben nicht nur zu sorgen, sondern auch das vorhandene Gute und Schöne täglich bestmöglich zu genießen. Ich sehe nichts Sinnvolles darin, warum wir uns nicht zumindest temporär immer wieder wohlfühlen sollen, wenn es prinzipiell möglich ist. Positiv ausgedrückt: Unsere Zielenergie sollte täglich in Richtung Wohlbefinden ausgerichtet sein.

Im März 2022 sind zwei wunderbare Menschen aus der Ukraine bei uns zuhause eingezogen. Ein gutes halbes Jahr lebten sie gemeinsam mit unserer Familie unter einem Dach. Ihr Hab und Gut, das sie retten konnten, haben sie damals in zwei kleinen Taschen mitgebracht. Sie hatten es wirklich alles andere als leicht und schon gar nicht, wenn in ihrer Heimatstadt immer noch Bomben fallen. Dennoch: Sie machten jeden Tag das Beste aus der Situation und lebten und leben auch heute noch konsequent nach vorne. Sie lachen viel und sind dankbar, in Sicherheit zu sein. Ich bin zutiefst von dieser Art der mentalen Stärke beeindruckt.

Wofür wollen wir uns entscheiden? Für ein Leben in permanenter Sorge und Angst? Oder dafür, das Gute trotz unsicherer Zeiten dennoch zu sehen und genau das auch ganz bewusst und wohltuend anzunehmen? Ich wünsche uns allen eine wohltuende Zeit!

#59

Akzeptanz – neue Strategie – Umsetzung

Wodurch zeichnen sich mental starke Sportler:innen aus? Mental starke Sportler:innen sind vor allem in der Lage, schwierige Situationen sehr schnell zu akzeptieren, um dann umgehend ihre eigene Strategie zu ändern und zu handeln. Das bedeutet, dass Verhaltensweisen wie Schockstarre, Apathie, Lethargie, Selbstmitleid und Ratlosigkeit keinen Raum haben. Die lösungsorientierte Wirkungskette lautet vielmehr: Akzeptanz → neue Strategie → Umsetzung.

Für Situationen, die schwierig sind, habe ich mir vor einigen Jahren folgenden Leitsatz überlegt, den ich nicht nur meinen Klienten weitergebe, sondern natürlich auch selbst anwende. Der Satz lautet: „Was ist das Beste, das du jetzt tun kannst?" Stelle dir diese Frage und gebe dir deine Antwort selbst. Sage dir das immer wieder, vor allem dann, wenn du merkst, dass es vielleicht etwas zu schwer wird.

Wenn du dich daran hältst, wirst du merken, dass es leichter wird. Der Grund ist eindeutig: Du gehst in diesem Fall raus aus der ohnmächtigen Beobachterrolle und hinein in die handlungsaktive Eigenmacht. Viele Topsportler sind deswegen so erfolgreich, weil sie diesen Switch besonders gut zu ihren Gunsten herstellen können und sich extrem schnell wieder aufrichten.

Also lass es uns sportlich nehmen, akzeptieren, neue Pläne schmieden und konstruktiv handeln. Ich wünsche dir und uns allen von Herzen viel Erfolg dabei.

4 Schreite mit Zuversicht und Freude in deine Zukunft

Nachdem du in diesem Buch bereits viele Impulse zur geeigneten Bewertung von Situationen und für deine persönliche Reflexion kennengelernt hast, um deine Potenziale zu leben und lösungsorientiert zu agieren, und für knackige Situationen aus mentaler Sicht nun bestens gewappnet bist, steht der freudigen Reise in deine Zukunft nichts mehr im Wege.

Um mit Freude und Zuversicht in eine positive Zukunft zu schreiten, benötigt es für deinen weiteren Weg Pläne und Ziele sowie klare Entscheidungen, um anschließend mit einer großen Portion Mut loszugehen. Wie genau das funktioniert, du deine Zukunft visualisierst und manifestierst, schauen wir uns in diesem Kapitel an.

#60

Traum – Ziel – Vision

Wenn du dir für deine Zukunft etwas wünschst, was du gerne hättest oder erreichen möchtest, ist es absolut sinnvoll, sich mit folgender Frage zu beschäftigen: Was ist der Unterschied zwischen einem Traum, einem Ziel und einer Vision?

Ein Traum kann zwar eine tolle Kreativleistung sein, jedoch fehlt bei einem Traum der Handlungsauftrag. Ein Träumer verpflichtet sich zu nichts. Er oder sie hofft auf die gute Fee, die es ermöglichen und richten soll. Die Fee kommt jedoch in der Regel nicht einfach vorbei und somit fehlt es dem/der Träumer:in an der Umsetzung und es bleibt meistens beim unerfüllten Traum.

Ein Ziel hingegen ist oft definiert durch Zeit und Zahl. Ein Ziel ist konkret und je nach Anspruch setzt du dir ein niedriges, ein anspruchsvolles oder ein wirklich hohes Ziel.

Damit sind wir bereits bei der Königsdisziplin, bei der Vision. Auf einem hohen Level wird ein sehr hohes Ziel zu einer Vision. Eine Vision ist mit deinen aktuellen Möglichkeiten zunächst nicht erreichbar. Sie ist vielmehr von der Gegenwart sehr weit entfernt und im wahrsten Sinne des Wortes ein Stück weit *ver-rückt.* Ein Visionär ist wie ein Träumer kreativ, er ist jedoch auch mutig und bereit zu handeln. Eine klare Vision hilft dir dranzubleiben, wenn es schwierig wird und Hindernisse auftreten. Je präziser du sie definierst, verschriftlichst, sie dazu in deinen Gedanken und in Bildern immer wieder abrufst und dich vor allem auf den Weg begibst, umso stärker ist ihre Sogwirkung. Spitzensportler und generell erfolgreiche Menschen sind übrigens sehr gut darin.

Ich wünsche dir viel Erfolg beim Definieren deiner Vision. Vor allem wünsche ich dir viel Erfolg und Freude, dass du dranbleibst, sie wirklich umsetzt und sie eines Tages Realität werden lässt – deine ganz eigene Vision.

#61

Ein Jahresmotto definieren

Wenn das Jahr fast vorbei ist, gibt es sie immer wieder, die guten Jahresvorsätze. Hand aufs Herz: Wie hat es denn bei dir in den letzten Jahren mit den guten Vorsätzen funktioniert? Oft scheitern wir allein schon deshalb, weil wir unpräzise formulieren, wie bei den bekannten Vorsätzen „Ich will abnehmen“ oder „Ich werde mehr Sport treiben“.

Ein gutes Ziel ist definiert durch Zeit und Zahl. Präzise wäre „Ich will 5 kg abnehmen bis 30. April des neuen Jahres“ oder „Ich werde mindestens 3 × Sport à 45 Minuten pro Woche machen“, um einmal gut machbare Ziele und somit Vorsätze zu definieren.

Ich habe jedoch noch einen weiteren Vorschlag anstelle eines üblichen guten Vorsatzes. Stelle das neue Jahr komplett unter ein Motto: „Das Jahr 20XX ist für mich das Jahr des Sports“ oder „Das Jahr 20XX ist für mich das Jahr der Gelassenheit“. Auch wenn ein Motto zugegebenermaßen nicht durch Zeit und Zahl definiert ist, so kann ich aus eigener Erfahrung bestätigen, dass ein Motto tatsächlich wirkungsvoll ist. Es begleitet dich das gesamte Jahr und schärft deine Sinne.

Das Kraftvolle an einem Motto ist, dass dadurch automatisch mehr Optionen und geistige Bilder in das persönliche Blickfeld treten. Weiter verstärken kannst du das Motto, indem du es beispielsweise mit einem geeigneten Hintergrundbild auf deinem Smartphone oder Computer, mit einem Gegenstand auf deinem Schreibtisch oder im Auto oder mit einem Bild in deiner Wohnung sichtbar und somit durchgängig präsent machst.

Wichtig ist, dass du das Motto gut bespielst, indem du dir haptische oder visuelle Anker schaffst und es in deiner Familie und bei deinen Freunden bekannt machst. Gerne verbunden mit der Abmachung, dich alle zwei Wochen zu überprüfen, ob du dein Jahresmotto im neuen Jahr auch wirklich lebst. Ich wünsche dir schon heute von Herzen alles Liebe und Gute dafür, bleib gesund oder werde gesund und lebe mutig deine Potenziale.

#62

Bleibe optimistisch

„Jetzt sei mal optimistisch“, das hast du sicher auch schon oft gehört. Sänger Rio Reiser hat mal sarkastisch gesagt: „Ich bin Optimist, ich rechne mit dem Schlimmsten“. Doch was ist das eigentlich genau – Optimismus?

Laut Definition ist Optimismus eine Lebensauffassung, in der die Welt von der besten Seite betrachtet wird. Das heißt auch, dass Optimisten sich mehr mit konstruktiven Lösungen beschäftigen als die Pessimisten und die Naivlinge. Der Pessimist bewegt sich eher im Bereich der Vermeidung und Verhinderung und bringt somit wenig Neues in die Welt und der Naivling ist oftmals blauäugig. Somit ist Naivität auch etwas anderes als Optimismus. Dieser ist eine positive Grundlage für besondere Ergebnisse.

Optimismus ist lebensbejahend, treibt voran und bestärkt uns, Dinge anzugehen, die funktionieren können, bei denen wir die Ergebnissicherheit jedoch nicht haben.

Wenn du in eine Situation kommst, in der du Optimismus brauchst, nimm den Kopf hoch, schau nach vorne und beschäftige dich mit der Lösung – das stärkt, tut gut und erhöht die Chancen auf Erfolg. Am Anfang steht die Entscheidung – dann folgt das Ergebnis. Ich wünsche uns allen kreative und guttuende Lösungen, angereichert mit einem optimistischen Blick in die Zukunft.

#63

Nimm's mit Humor

Ein großartiges Stressventil, das sowohl im Sport als auch im Business und Privatleben wunderbar einzusetzen ist und bei dem in unserer Gesellschaft noch viel Luft nach oben besteht, ist der Humor!

Humor findet im Stillen, aber natürlich auch sichtbar, spürbar und hörbar statt. Die Momente, in denen man sich nicht mehr halten kann vor Lachen. Wenn der gesamte Körper vor Freude und Belustigung bebt und einem die Lachtränen in die Augen schießen. Wir erfreuen uns, spüren Leichtigkeit, Körper und Nerven lassen los, wir entspannen.

Interessanterweise bringen es viele Spitzensportler fertig, auch in allerhöchsten Drucksituationen äußerst humorvoll zu sein: Der Ausnahmesportler des letzten Jahrhunderts, Muhammad Ali, war so einer und auch Fußballer Thomas Müller ist für einen Lacher gut, wenn niemand damit rechnet.

Humor relativiert und gibt Bewertungssouveränität. Otto Waalkes hat in einem Sketch auf die Frage seines Sohnes „Papa, wie viel ist 28:7" als kreative Rechenanleitung vorgeschlagen: „Stell dir vor, du hast 28 Wecker und musst um 7 raus." Welch eine grandiose humorige Gedankenakrobatik!

Humor hat viele Facetten und Geschmäcker. Die Königsdisziplin ist dabei, wenn du über dich selbst so richtig lachen kannst. Dann bist du nämlich in der Lage, Abstand zu dir aufzubauen. Eigenhumor, Selbstironie oder wie auch immer wir es nennen, hat mit einer separierten „Draufsicht auf sich selbst" zu tun, mit Reflexion.

Viele Alltagsherausforderungen lassen sich wunderbar weglachen und prinzipiell ist es so, dass Humor guttut. Oder wie hat Jazz, Blues- und Schlagersängerin Joy Flemming als Empfehlung für unsere Lebenszeit vorgeschlagen? „Lasst uns das hier alles nicht so ernst nehmen."

#64

Versuch's mit Leichtigkeit

„Was verbindest du mit dem Wort ‚Schwere' und wie geht es dir damit?" Nun die andere Frage: „Was verbindest du mit dem Wort ‚Leichtigkeit' und wie geht es dir mit diesem Begriff?" Welches Wort fühlt sich besser an? Wahrscheinlich ist es für die meisten das Wort „Leichtigkeit".

Wir alle kennen Phasen der Schwere und hoffentlich auch Phasen der Leichtigkeit. Wenn es uns jedoch mit Leichtigkeit offensichtlich besser geht, dann sollte es sinnvoll sein, unser Bewusstsein in diese Richtung zu steuern – oder? Allerdings machen das die wenigsten Menschen und damit bleibt ein riesiges „Happiness-Potenzial" unangetastet. Ja, es gibt sehr schwierige Situationen, in denen dies leichter gesagt als getan ist. Dazu zählen die meisten Alltagssituationen aber nicht – die meine ich vor allem, und auch bei den ganz großen Herausforderungen gibt es oft noch die eine oder andere Erleichterungsoption. Was bringt uns also nun mehr Leichtigkeit?

Drei konkrete Vorschläge habe ich für deinen persönlichen Weg in die Leichtigkeit:

- Lasse Dinge los, die du nicht mehr benötigst. Räume auf und schmeiße weg!
- Ziehe klare Grenzen gegenüber Personen, die dir nicht

guttun. Bei Bedarf verabschiede dich von diesen Menschen komplett.

- Entscheide dich für ein Leichtigkeitssymbol, das dich immer wieder an die Leichtigkeit erinnert, z. B. eine Feder, ein Flummi oder Pippi Langstrumpf – was auch immer. Hänge dir ein Bild von dem Symbol auf, lege es ins Auto, auf einen Schreibtisch, du hast alle Freiheiten.

Wenn du noch Standards wie ein freundliches Gesicht und viel Lachen am Tag bedenkst und einhältst, dann wird's nochmals leichter. Ich wünsche dir eine superleichte Zeit.

#65

Enthusiasmus ist der Schlüssel

Welches Ereignis, welche Situation kommt dir in den Sinn, wovon du sagen würdest: „Das war eine großartige Leistung, das war wirklich besonders!“ Überlege mal! Ob im Sport, Business, Privatleben oder wo auch immer – der Bereich ist völlig egal. Hast du etwas?

Halte das, was dir jetzt in den Sinn kommt, gedanklich fest. Was auch immer es ist, etwas werden nahezu alle dieser Fälle gemeinsam haben. Sie wurden erst durch wahren Enthusiasmus möglich. Übrigens – „Enthusiasmus“ gefällt mir zur Beschreibung eines intensiven Engagements viel besser als „Leidenschaft“, weil das Wort „Leiden“ in diesem Zusam-

menhang oft deplatziert ist und die Freude am Tun, die Begeisterung für eine Sache ausklammert.

Ob wir an die Motivationskünste eines Jürgen Klopp denken oder die sensationelle Leistung von Bastian Schweinsteiger im WM-Finale 2014, an Boris Becker in seiner Glanzzeit, an die erste Mondlandung 1969, Steve Jobs und sein Unternehmen Apple oder auch an die großartige zeitlose Musik von herausragenden Komponisten wie Beethoven, Mozart oder auch die Beatles denken, immer war eine bemerkenswerte Begeisterung dabei, sich komplett genau einer Sache hinzugeben.

In meinen vielen Coachings kann ich sehr deutlich erkennen, dass diejenigen, die ihre Aufgabe mit Enthusiasmus angehen, nicht nur erfolgreicher, sondern zudem auch glücklicher sind.

Unsere Lebenszeit ist begrenzt und es ist einfach wunderbar, sich für etwas begeistern zu können. Gib also viel Aufmerksamkeitsenergie in deine Begeisterung hinein. Wovon willst du mehr wissen? Was willst du mit Freude besser können oder lernen? Was packt dich, was fasziniert dich? Entdecke deine Begeisterung und lebe sie mit ganzem Herzen! Ich wünsche dir viel Erfolg bei deiner enthusiastischen Entdeckungsreise.

#66

Das Leben fühlen

Wenn wir in unserem Leben Prioritäten zu setzen haben, was ist dabei besonders wichtig? Vor allem, wenn wir auf unser Leben irgendwann mal zurückblicken, worauf möchten wir schauen? Hierzu möchte ich dir folgende Passage aus einem anderen Buch von mir näherbringen:

> Du wirst dich möglicherweise erinnern, was du gehört hast. Du wirst dich besser erinnern, was du gesehen hast. Doch du wirst nicht vergessen, wie du dich gefühlt hast.
>
> Kennst du diesen Spruch? Ich habe ihn irgendwann mal aufgeschnappt, ich weiß nicht mehr, wo und von wem er stammt. Ich weiß aber, wie ich mich gefühlt habe, als ich ihn das erste Mal hörte.
>
> Was sind die wirklich wichtigen Momente in deinem Leben? Denk einen Augenblick nach! Wenn du fünf wichtige Momente benennen solltest, die du nicht missen möchtest, welche wären das? Was verbindest du damit?
>
> Sachlichkeit oder Gefühle? Wahrscheinlich doch eher Gefühle, die du aus tiefer Freude, Faszination, Dankbarkeit, Begeisterung und eben aus Enthusiasmus gelebt hast.

Das heißt, dass wir, um das Leben intensiv zu spüren, etwas erleben müssen. Wir brauchen die Stimulanz, der Mensch will das. Das beweist die Erinnerungspriorität. Deswegen ist es eben auch so wichtig, dass wir uns für etwas begeistern können. Wenn wir uns begeistern und enthusiastisch unterwegs sind, dann trauen wir uns, sind mutig und durch unsere positive Lebendigkeit offen für Erlebnisse.

aus: M. von Kunhardt, Mentalgiganten – was wahre Stärke wirklich ausmacht[3]

Wenn du nach vorne schaust, – was wären großartige Momente und Erlebnisse, die du gerne in deinem Leben noch haben und erleben möchtest? Was auch immer es ist, fang an, gezielt darauf hinzuwirken. Was musst du tun, was benötigst du, wer oder was kann dir dabei helfen, um dich deinen Erlebniszielen ein Stück näher zu bringen – und im Idealfall baldmöglichst auch Realität werden zu lassen? Und wie möchtest du dich dabei fühlen? Ich wünsche dir eine ambitionierte Haltung und fantastische Erlebnisse.

#67

Glücklich sein

Als Mentalcoach für Spitzensportler und Entwickler von Führungskräften komme ich täglich in Kontakt mit dem Thema „Erfolg und mentale Stärke". Was ist mentale Stärke genau?

Mentale Stärke ist das konstruktive Zusammenspiel zahlreicher relevanter Faktoren und zugleich eine permanente Regulierungs- und Optimierungsarbeit. Das klingt kompliziert und fällt in der Regel auch nicht einfach so vom Himmel. Doch es lohnt sich absolut, Aspekte wie Motivation, Fokussierung, Innovation, Misserfolgstoleranz, Resilienz, Vision und Ziel, Spannungsregulierung, Enthusiasmus und Dankbarkeit, um nur einige aufzuzählen, bewusst ins eigene Leben zu ziehen.

Wenn dir das Zusammenspiel dieser Faktoren gut gelingt, dann hast du die besten Chancen, selbstwirksam, also entlang deiner wirklichen Überzeugungen, zu leben und zu handeln. Ich werde oft gefragt, welches für mich der allerwichtigste Faktor ist, um mentale Stärke zu definieren. Dann antworte ich: „Glücklich sein". Als ich 19 Jahre alt war, wurden wir mit unserer damaligen Hockeymannschaft des Limburger HC das erste Mal Deutscher Meister der Herren. Im Finale gelang mir zudem der spielentscheidende Treffer. Wir erstellten nach der Titelfeier ein Teamheft, in dem jeder Spieler sein Lebensmotto angeben sollte. Bei meinem Lebensmotto stand

„Glücklich sein". Daran hat sich bis heute, fast 40 Jahre später, nichts geändert.

„Glücklich sein" ist verantwortliche Chefsache. Durch meine Arbeit als Mentalcoach stelle ich immer wieder fest, dass das Entwickeln der eingangs genannten Faktoren eine wunderbare Basis ist, um glücklich zu leben. Eine Garantie ist es nicht, es ist aber ein sehr hilfreicher und selbstverantwortlicher Eigenbeitrag.

#68

Ein starker Wille

Als Mentalcoach habe ich die dankbare Gelegenheit, vielen erfolgreichen Menschen zu begegnen. Natürlich stelle ich mir oft die Frage, was diese Personen so erfolgreich macht. Gibt es etwas, was sie eint? Oh ja, das gibt es sehr wohl. Sie sind auch deswegen so erfolgreich, weil sie den Erfolg mehr wollen als andere. Dann fangen diese Personen an zu arbeiten, zu trainieren und ihre Chancen zu identifizieren. Diejenigen, die es ganz besonders wollen, sind bereit, alles dem großen Ziel unterzuordnen, wie es Boris Becker einmal sagte.

Viele Toptalente knicken hingegen zu früh ein, weil sie es nicht genug wollen. Wenn du etwas erreichen willst, musst du bereit sein, es dir unbequem zu machen. Du musst Anstrengungen aushalten und Niederlagen, die völlig normal und Teil einer erfolgreichen Entwicklung sind, nicht nur überwinden, sondern als zusätzliche und neue Motivation nehmen.

Solange wir unser Leben gestalten können, haben wir die wunderbare Gelegenheit, etwas zu erreichen und zu bewegen. Möglicherweise ist dir das nicht wichtig und du bist für dich gut in der Spur. Alles bestens! Vielleicht kannst du dir aber vorstellen, noch einen Schritt zu machen und möglicherweise sogar einen großen.

Jetzt frage ich dich: „Wie sehr willst du etwas wirklich? Willst du wirklich?" Wenn du das aus tiefem Herzen mit „Ja" beantworten kannst, dann gib Gas und engagiere dich konsequent dafür. Ich wünsche dir viel Erfolg beim Handeln, Wiederaufstehen und Dranbleiben.

#69

Höre auf deine Intuition

Wie sehr achtest du auf deine Intuition und handelst auch entsprechend? Intuition ist sehr wichtig und naturgegeben. Im Laufe des Lebens entfernen wir uns jedoch durch gesellschaftliche Reglementierung, anerzogene Scham und aufgrund unserer Ignoranz gegenüber unserer Individualität immer weiter von unserer Intuition und unseren Instinkten.

Der Milliardär Sir Richard Branson hat stets davon gesprochen, dass er in Bezug auf neue Geschäftsideen und zu erobernde Märkte seine Intuition über irgendwelche Businesspläne gestellt hat. Wenn ein Fußballer wie Lionel Messi im Flow ist, dann ist er mit sich und seiner Intuition verbunden, entscheidet blitzschnell und das eben vor allem intuitiv. Der eigenen Intuition zu vertrauen, ist auch ein Zeichen von mentaler Stärke.

Wer von solchen intuitiven Mentalgiganten wie Branson und Messi lernen will, hat auch und vor allem zu lernen, sich selbst wertzuschätzen, wieder besser oder sogar erstmals richtig kennenzulernen und sich selbst mehr zu vertrauen. Wie geht das?

Die Intuition findet im Unbewussten statt und hat eine sehr hohe Trefferquote. Sie braucht Raum, sie ist erwartungsfrei und nicht getrieben. Es ist zunächst eine bewusste Entscheidung, der Intuition diesen Raum wieder zu erlauben und auch zu ermöglichen. Dafür haben wir – du, ich und all die anderen – uns bewusst aus bestehenden Abhängigkeiten, so gut es geht, zu befreien. Wenn uns das gelingt, dann sind wir mehr bei uns, spüren besser und können somit sowohl die Qualität unseres Verstandes als auch die Qualität der Intuition wunderbar nutzen.

Am Anfang steht der Entschluss, beginne verstärkt mit kleinen intuitiven Entscheidungen und Umsetzungen und bleibe vor allem dran. Viel Freude und Erfolg beim Spüren und intuitiven Handeln.

#70

Unsicherheiten aushalten

Hand aufs Herz – was ist dir lieber? Wenn du die Dinge im Griff hast oder wenn du in Unsicherheit lebst und nicht weißt, ob dein Vorhaben ein gutes Ende nimmt? Wenn ich diese Frage in unseren Ausbildungen und Seminaren rund um das Thema mentale Stärke stelle, dann antworten die meisten Teilnehmer:innen, dass sie natürlich lieber die Kontrolle behalten.

Auch ich selbst habe prinzipiell nichts dagegen einzuwenden, wenn ich weiß, dass alles gut läuft und ich Ergebnissicherheit habe. Das gibt Ruhe und Souveränität und ist komfortabel. Dabei sollten wir jedoch eine Sache stets im Blick haben.

Wirkliche Entwicklung benötigt die Unsicherheit.

Wenn wir nicht wissen, ob etwas gelingt, dann fehlen uns entweder Informationen oder Kompetenz. Fähigkeiten und Fertigkeiten sind noch nicht entsprechend ausgebildet. Oder es spielen noch andere Personen eine Rolle, die vielleicht gleich gut oder sogar besser sind als wir. Es gibt eine Vielzahl von Faktoren, die eine Unsicherheit bedingen.

Wenn wir uns einer unsicheren Situation jedoch stellen, dann sind wir am Ende zumeist klüger, auch wenn wir vielleicht (noch) nicht erfolgreich waren. Das ist auch eine Form der Entwicklung.

Für mich ist klar: Unsicherheit ist ein Entwicklungsturbo.

Fußballtrainer-Legende Sepp Herberger hat einmal gesagt: „Die Leute gehen zum Fußball, weil sie nicht wissen, wie es ausgeht.“ Recht hat er gehabt und die Fußballer in seinem Team haben sich mit dieser Unsicherheit und auch dem Risiko des Scheiterns konfrontiert. Das war der Preis, um am Ende sogar Weltmeister zu werden.

Natürlich geht es nicht darum, sich bewusst gefährlichen und destruktiven Unsicherheiten auszusetzen – dazu möchte ich niemanden motivieren. Jedoch möchte ich dich motivieren auszutesten, was für dich möglich ist. Das lässt sich nur herausfinden, wenn du bereit bist, Unsicherheit anzunehmen, auszuhalten und diese vielleicht sogar ab sofort zu mögen. Viel Erfolg und Freude beim Austesten.

#71

Nimm deinen Mut und gehe los!

Kennst du folgende Situation? Du stehst vor einem nächsten und neuen Schritt – und dann verlässt dich der Mut, diesen auch wirklich zu machen. Warum ist das so? Weil der Schritt, wie im Kapitel zuvor erwähnt, nahezu immer mit Unsicherheit verbunden ist, die meisten Menschen jedoch sehr sicherheitsorientiert sind. Dadurch entsteht ein innerer Konflikt, der dann häufig im Belassen des gewohnten Zustands endet. Damit ist die Entwicklung gestoppt und alles bleibt so, wie es ist – fertig, aus.

Es ist jedoch erwiesen, dass wir Menschen weniger das bereuen, was wir gemacht haben, sondern viel häufiger das, was wir nicht getan haben. Die australische Hospizkrankenschwester Bronnie Ware hat Sterbende befragt, was sie rückblickend auf ihr Leben am meisten bereuen, und die Ergebnisse in einem Buch zusammengetragen. Die häufigste Antwort der Sterbenden war, dass sie nicht das Leben gelebt haben, was sie eigentlich leben wollten. Fehlender Mut ist einer der Hauptverursacher dieses Resultats.

Wenn du überzeugt bist, dass etwas richtig ist, dann mache es auch. Das gute alte Bauchgefühl ist dabei definitiv ein wichtiges Indiz. Als Extra habe ich eine visuelle Unterstützung für dich: Stelle dir vor, du läufst in einen Trichter, der immer enger wird, du passt gerade noch so durch. Je enger es wird, umso mehr kommen die Zweifel, die Brust zieht sich zu – du kennst das vielleicht. Das ist eben der Preis, den wir zahlen und das ist auch ok.

Um durchzugehen, wenn es eng wird, benötigen wir die Bereitschaft, die Ungemütlichkeit einen Moment auszuhalten und eben etwas Mut! Die gute Nachricht – hinter dem engen Trichterkanal wird es wieder weit. Ganz weit. Dann haben wir uns entwickelt. Ich wünsche dir, dass du den Mut aufbringst, voranzuschreiten, wenn es sich richtig anfühlt.

#72

Zu- und Abgeben

26.09.2021 Deutschland hatte gewählt – und zwar so, dass es in besonderem Maße auf die Kompromissfähigkeit der regierungsbildenden Parteien ankam. Es war eine interessante Konstellation, dass sich alle für die Regierung infrage kommenden Parteien damals in erheblicher Unsicherheit befanden. So schien es offen, mit wem sie letztlich koalieren oder, wie es sich für die beiden stärksten Parteien, SPD und CDU, andeutete, ob sie überhaupt auf der Regierungsbank Platz nehmen würden.

Was tun, wenn so vieles unklar ist und vor allem doch der Wähler so viel Respekt verdient und unser Land modern, sozial gerecht, wirtschaftlich stark und möglichst schnell klimaneutral in die Zukunft geführt werden soll – so wie wir es natürlich auch am Wahlabend wie so oft gebetsmühlenartig gehört haben?

Letztlich hatten die Parteien sich zu vereinbaren und offensichtlich gab es ein erhebliches Learning aus der letzten Hängepartie von 2017, denn es ging für Koalitionsverhandlungen ansprechend zügig voran, auch wenn meines Erachtens zugleich noch einiges an Luft nach oben bezüglich des Tempos ist. Immerhin – sie haben sich vereinbart, haben Lösungen gefunden – und das meine ich vollkommen unpolitisch.

Eine gute Verhandlung hat immer mit Zu- und Abgeben zu tun. Es geht eben nicht darum, so viel wie möglich gegen die andere Seite durchzusetzen, sondern sich so gut wie möglich zu vereinbaren. Es heißt, ein guter Kompromiss tut beiden Seiten weh. Ja, da ist sicherlich etwas dran – und wenn das Ganze auf einer wertschätzenden Basis stattfindet, dann überwiegt umso schneller die Freude am Konsens.

Wenn du dich in einer Verhandlung befindest, achte darauf, dass du eine gesichtswahrende Lösung für die andere Seite mit im Blick hast – umso mehr, wenn ihr miteinander zukünftig noch kooperieren möchtet.

#73

Wie wichtig deine Beziehungen für dich sind

Was, glaubst du, ist das Wichtigste, um ein gutes Leben zu haben? Überleg mal – wenn du dich auf eine Antwort festlegen müsstet, was würdest du sagen? Laut einer Langzeitstudie der Harvard University über sage und schreibe 75 Jahre ist der wichtigste Aspekt für ein gutes Leben … Beziehungen! Im Idealfall qualitativ gute Beziehungen!

Das gilt offensichtlich auch für Menschen, die gut allein zurechtkommen. Letztlich wollen wir teilhaben und uns mitteilen. Der Mensch ist bei aller Selbstverwirklichung offensichtlich doch beziehungsorientiert wie ein Rudeltier. Wenn wir das wissen, dann erhöht dies möglicherweise die Motivation, sich gezielt um gute Beziehungen zu kümmern, privat und auch beruflich.

Wie geht das – gute Beziehungen?

Drei Empfehlungen habe ich für dich:

- Wertschätzung: Wir tun gut daran, anderen Menschen prinzipiell wertschätzend zu begegnen. Das Gegenteil davon sind u. a. Selbstüberhöhung, Missgunst, Neid und Arroganz.
- Interesse: Wenn wir uns für andere Menschen wirklich interessieren, öffnen sich diese umso mehr auch für uns. Bedenke dabei, es gibt einen großen Unterschied zwischen belanglosem Fragen und echtem Interesse.

- Menschenfreundlichkeit: Irgendwie ähnlich wie Wertschätzung und doch gibt es einen Unterschied. Wer prinzipiell menschenfreundlich unterwegs ist, fokussiert sich auf das Gute und die Begegnungsfreude. Menschenfreundliche Personen geben Vertrauensvorschuss und sind in der Begegnung meist positiv. Das Gegenteil sind Menschen, die immer etwas finden, was eben anzuklagen und vorzuwerfen ist, kurzum – sie sind Spezialisten der negativen Beweisführung.

Ich wünsche uns allen in jedem Falle, dass wir unsere Beziehungen qualitativ gut und positiv nähren.

#74

Nutze dein Netzwerk

Kennst du das? Du stehst vor einer kniffeligen Aufgabe, vor einer schwierigen Entscheidung und willst es unbedingt allein lösen. Manchmal funktioniert das sehr gut und manchmal geht's jedoch gar nicht voran und es gibt letztlich kein positives Resultat.

Natürlich kenne auch ich diese Situationen. Ich finde es gut, sich zu engagieren und sich durchbeißen zu können, wenn es notwendig ist. Dennoch ist es sinnvoll und klüger, sich im geeigneten Moment helfen zu lassen. Genau hierfür gilt es, eine gute Grundlage zu schaffen. Wie geht das? Zwei Tipps habe ich für dich:

- Überwinde dein Ego. Personen mit starkem Dominanz- und Konkurrenzverhalten tun sich oft sehr schwer, andere um Rat zu fragen. Doch das ist letztlich ein Minderwertthema und das Ego sollte besser die Bahn frei machen für klügere Lösungen.

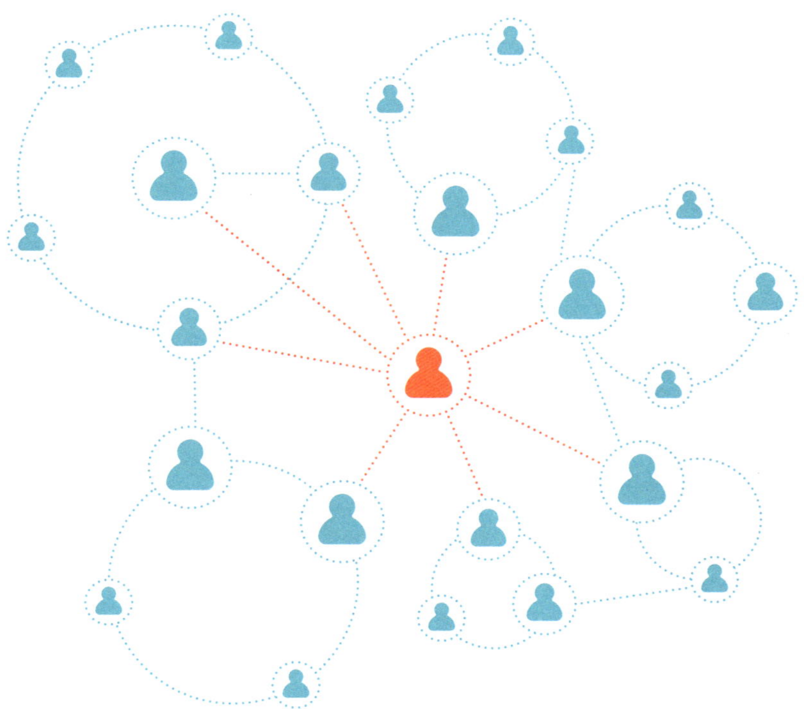

- Die besten Sportler stellen die meisten Fragen. Sie wollen alles wissen, bis ins kleinste Detail. Das ist mir in den vielen Jahrzehnten, in denen ich mit Spitzensportlern in Kontakt bin, immer wieder aufgefallen. Wer fragt, der führt, das kennen wir aus der Gesprächsführung. Und wer fragt, kommt auch flotter voran und entwickelt sich zudem schneller.

Baue ein eigenes Consulting-Netzwerk auf, interessiere dich für andere Menschen und sei nicht zu stolz zu fragen, sondern tue es aus Überzeugung.

#75

Return on Investment

Hast du schon einmal von dem ROI, dem „Return on Investment" gehört? Diese international anerkannte betriebswirtschaftliche Kennzahl bildet die Rentabilität einer unternehmerischen Tätigkeit in Relation zum eingesetzten Kapital ab. Wir sprechen also von der Kapitalrendite.

Als im Jahre 2020 die Corona-Pandemie startete, wurde unser Leben auf den Kopf gestellt. Auch unsere Coaching- & Speaking-Branche war erheblich betroffen, und es gab ein interessantes Phänomen in der Bevölkerung hinsichtlich der

Haltung der Menschen zu beobachten. Ein großer Teil der wirtschaftlich Betroffenen geriet in Schockstarre und blieb in dieser Starre. Ein anderer Teil hoffte, dass es bald besser wird, handelte dabei jedoch genauso wenig innovativ wie die „Schockstarre-Gruppe“. Dann gab es diejenigen, die eben die Situation akzeptierten und sich mit Lösungen beschäftigten. Sie probierten neue Wege und waren aktiv. Sie kamen dabei nicht immer, aber doch auf einige hilfreiche Ideen. Ich weiß, dass diese Jahre wirklich hart für viele waren, und ich möchte das alles andere als bagatellisieren.

Eines ist klar: Die Chancen, durch eine Krise durchzukommen, sind immer größer, wenn wir den Hebel im Kopf von Sorge und Angst auf Chance und Lösung umlegen. Lasst uns gerade dann die Ärmel hochkrempeln. Die Lösungen sind da – wir müssen sie vor allem kreativ identifizieren. Wir könnten auch sagen: „No return on investment without investment!“

#76

Mentale Ganzheitlichkeit

Mentalgiganten zeichnet aus, dass sie eine Vielzahl an wirkungsvollen mentalen Anforderungen auf einem sehr hohen Level erfüllen. Dazu zählen neben dem wichtigsten Kriterium für eine starke Siegermentalität, dem Selbstvertrauen, Aspekte wie Konzentration, Motivation, Vision und Ziel, Spannungsregulierung, Vor- und Nachbereitung, permanente Weiterentwicklung sowie Anspruch – um einige der wichtigsten Kriterien zu erwähnen. Um wirkliche mentale Stärke zu haben, benötigst du eine mentale Ganzheitlichkeit.

Es ist wie bei einer mathematischen Multiplikation. Wenn auch nur ein einziger Wert „null" aufweist, bist du nicht wirklich mental stark und du hast zugleich die Antwort, warum möglicherweise Dinge, die dir wichtig sind, nicht funktionieren. Wenn bei einem Wettkampfsportler auch nur ein einziges Kriterium einen sehr niedrigen Wert aufweist, dann wird er höchstwahrscheinlich keinen grandiosen Erfolg erzielen können. Generell ist es dabei nicht nur im Sport, son-

dern auch im Berufsleben und selbst in vielen Bereichen des Privatlebens absolut vorteilhaft, sich in allen mentalen Bereichen permanent zu entwickeln – hin zu einer wirkungsvollen mentalen Ganzheitlichkeit, um das eigene Potenzial wirklich leben zu können.

Entwicklung hört nicht auf, sondern ist ein Dauerzustand. Ich wünsche dir in dieser Hinsicht einen guten Anspruch an dich sowie viel Erfolg und Freude bei deiner eigenen mentalen Entwicklungsreise.

#77

Bedingungslose Haltung

„Wenn ich das mache, dann erwarte ich aber auch …"

Diese Haltung ist nicht schön, da sie mit einem Zwang verbunden ist.

Geben sollte prinzipiell erwartungsfrei sein oder es handelt sich zumindest um übereinstimmende Ansichten, die sich treffen. Das kann der Mitarbeiter sein, für den es selbstverständlich ist, sich in seinem Job zu engagieren, weil er selbstverständlich sein vereinbartes Gehalt erhält. Das kann der Arbeitgeber sein, der sich um die Weiterentwicklung seines Mitarbeiters kümmert, weil dieser Jahr für Jahr in seinem Job etwas Neues kennenlernen und sich verbessern möchte. Das kann der ambitionierte Sportler sein, für den es selbstverständlich ist, rechtzeitig und vorbereitet jedes Training zu nutzen. Das kann der Trainer sein, der sein Training abwechslungsreich mit immer wieder neuen Impulsen gestaltet, um seinen Schützling bestmöglich nach vorne zu bringen.

Letztlich geht es um bilateralen Vertrauensvorschuss. Wenn man sich vereinbart, dann ist es eine Selbstverständlichkeit, dass man sich an die Vereinbarung auch hält. In erfolgreichen Verbindungen und Kooperationen ist es zudem ebenso selbstverständlich, immer wieder positiven Dünger in das gemeinsame System hineinzubringen. Dort benötigt es keinen Zwang. Vielmehr ist jeder und jede Einzelne mit gegenseitigem Vertrauensvorschuss unterwegs. Es gibt dabei immer einen Moment des Loslassens, des Kontrollverzichts, sonst kann sich nichts wirklich Gutes aus jeweils eigenem Antrieb entwickeln.

Menschen mit einer lebensbejahenden, bedingungslosen, selbstverständlichen Haltung und vor allem mit einem positiven Menschenbild ziehen sich gegenseitig an. Und dann gibt es die besten Ergebnisse. Und genau diese Komposition wünsche ich dir in deinem Leben.

#78

Warum eine hohe Qualität wichtig ist

Krisen sind die besten Qualitätsmanager! Warum ist das so?

Qualität übersteht Krisen, Qualität stabilisiert, Qualität ist der entscheidende Garant für Erfolg. Apple-Gründer Steve Jobs hat einmal gesagt, dass es ihm immer sehr wichtig war, auch die nicht sichtbaren und verborgenen Teile seiner Produkte von exzellenter Qualität zu fertigen.

Qualität schafft Vertrauen und Fans. Apple hat übrigens seit 2015 pro Jahr im Schnitt mehr als 50 Milliarden Dollar Gewinn erzielt, ein unglaublich starkes Ergebnis!

Umgekehrt ist jedoch auch zu sagen, dass fehlende Qualität, egal an welcher Stelle, in der Regel über kurz oder lang ein negatives Ergebnis nach sich zieht und sich eben nicht dauerhaft kaschieren lässt. „Zu jedem Ballon gibt es auch eine Nadel“, so formulierte es treffsicher der erfolgreiche Börseninvestor Warren Buffet.

Die Qualität nachhaltig zu erhöhen, ob im Business, im Spitzensport, im Umgang mit unseren Ressourcen und in unseren Begegnungen insgesamt, das kann ein ganz großer Gewinn aus individuellen Krisen und auch globalen Herausforderungen sein.

Jede Krise bietet bekanntlich neue Chancen. In der Wirtschaft motivieren Krisen immer wieder, längst überfällige Methoden-

wechsel vorteilhaft vorzunehmen, eingefahrene Arbeitsprozesse zu überprüfen und eben vor allem die Qualität zu erhöhen. Uns allen wünsche ich einen wachen Geist und viel Erfolg beim qualitativen Umsetzen.

#79

Bewertungsfreiheit

Nach den Olympischen Sommerspielen 2016 in Rio de Janeiro habe ich mich vor Ort mit dem Nationaltrainer der brasilianischen Hockey-Nationalmannschaft, Claudio Rocha, zu einem mentalen Austausch getroffen.

Brasilien hatte sich damals vollkommen überraschend für das Olympische Hockeyturnier qualifiziert. Allein die Teilnahme war bereits eine Sensation. Im Turnier waren die Konkurrenten jedoch einfach zu stark und das brasilianische Team verlor alle Spiele deutlich. Ich fragte den brasilianischen Trainer, wie die Stimmung in seinem Team während des Turniers war. Er sagte: „Grandios! Zu Beginn sowieso, weil niemand damit rechnete, dass wir uns für das olympische Finalturnier überhaupt qualifizieren. Und trotz der dann folgenden Niederlagen hatten wir bis zum Ende des Turniers wirklich eine absolut fantastische Atmosphäre im Team." „Wie hast du das trotz der Rückschläge geschafft?", wollte ich wissen. „Weißt du," antwortete er, „ich habe wohl generell eine atmosphärische Qualität. Wenn etwas gut gelingt, dann steige ich emotional komplett ein und verstärke somit das gute Gefühl. Bei negativen Dingen schalte ich auf den analytischen Modus und lasse die Sache deutlich weniger an mich und mein Nervenkostüm ran." Es ist müßig, darüber zu philosophieren, ob eine Wut- und Brandrede des Trainers aus sportlicher Sicht vielleicht mehr gebracht und eine weitere Sensation ermöglicht hätte. Vielleicht ja, vielleicht nein. In jedem Fall konnte das Team dieses einmalige Erlebnis im Heimatland komplett genießen und auch das hat einen sehr hohen Wert.

Apropos Wert und Bewertung, wir haben immer die Freiheit, wie wir etwas bewerten und ob wir emotional oder analytisch einsteigen. Ein wesentliches Kriterium mentaler Stärke ist definitiv, anstelle zu stark im geistigen Dreck zu wühlen bewusst viel mehr Freude an der Freude zu haben. Ich wünsche dir viel Erfolg und Freude bei deiner eigenen, für dich günstigen Bewertung.

#80

Selbstwirksamer leben

Was bedeutet Selbstwirksamkeit? Stark vereinfacht bedeutet es, dass eine Person ihren Überzeugungen und Kompetenzen entsprechend handelt. Selbstwirksame Menschen sind eher aktiv als reaktiv. Sie bringen sich selbst ein, anstatt darauf zu warten, was andere ihnen vorgeben.

Selbstwirksame Menschen haben den Anspruch, sich selbst als Persönlichkeit nach eigenen Vorstellungen zu leben, und suchen dabei bewusst die Herausforderungen. Wenn sie dann erfolgreich bewältigt werden, stärkt dies gezielt das eigene Vertrauen in sich selbst und motiviert, weiter voranzuschreiten. Doch selbstwirksame Menschen haben auch eine überdurchschnittlich hohe Misserfolgstoleranz. Wenn nämlich etwas misslingt, dann versuchen sie es wieder und vielleicht einfach nur anders. Sie bleiben jedoch aktiv und handeln ambitioniert. Durch das zeitlich verzögerte Überwinden von Schwierigkeiten wird ebenfalls das Selbstvertrauen genährt und der Mut zur Selbstwirksamkeit weiter verstärkt. Ein positiver Kreislauf!

Viele Menschen betonen im Coaching und den Seminaren unserer Akademie, dass sie genau das vermissen, Selbstwirksamkeit! Sie wollen sich endlich selbst leben. Falls du auch daran interessiert bist, habe ich drei Vorschläge zum Einstieg für dich:

- Entscheide dich bewusst, ab sofort selbstwirksamer zu leben.
- Überprüfe, was du schon immer mal machen wolltest. Gehe es an – irgendwie. Hauptsache, du fängst innerhalb der nächsten 72 Stunden an, darauf hinzuwirken!
- Erlaube dir mögliche Niederlagen auf deinem Weg. Das ist völlig normal! Bleibe aber unbedingt dran und aktiv deinen Überzeugungen entsprechend und du wirst sehen, dass du dich auf diese Art stärkst und Schritt für Schritt selbstwirksamer leben wirst.

#81

Ergreife deine Chance!

Was verbindet den erfolgreichen Fußballtorjäger Robert Lewandowski und den legendären Börseninvestor Warren Buffet? Die Fähigkeit zu handeln, wenn sich die Chance ergibt!

Ich bin überzeugt, dass sehr viele Menschen auf eine ganz spezielle Art auch unglaublich erfolgreich sind – nämlich darin, Chancen ungenutzt vorbeiziehen zu lassen. Hand aufs Herz – wie ist es bei dir? Kannst du von dir sagen, dass du bei guten Gelegenheiten schnell und entschlossen sofort handelst?

Ich habe eher den Eindruck, dass die meisten Menschen genau das eben nicht tun. In meinen Vorträgen überprüfe ich das von Zeit zu Zeit. Ich halte dann einen Geldschein, z. B. 10 Euro oder auch mal 50 Euro, hoch und sage: „Wer als Erstes aufsteht, bekommt den Schein." Es ist absolut faszinierend, wie wenige Personen diesem Impuls wirklich nachgehen. Es muss ja einen Haken geben, so einfach kann es doch nicht sein. Es gibt aber keinen Haken und einfach ist es auch! Immer wieder mal im Leben. Und dann musst du eben handeln! Und wer zuerst aufsteht, bekommt den Geldschein – einfach so. Fertig!

Sogenannte Knipser im Fußball, die aus jeder noch so kleinen Gelegenheit ein positives Ergebnis erzwingen, haben ihr Hirn auf Chancenwachheit und Chancennutzung programmiert. Sie gehen davon aus, dass sich Chancen jederzeit ergeben können, sind darauf prinzipiell vorbereitet, handeln entschlossen und erlauben sich auch den Erfolg.

Ja, natürlich – Erfolg hat oft etwas mit einer vorherigen Anstrengung zu tun. Aber eben nicht immer und es darf auch mal leicht sein – warum denn nicht? Darauf solltest auch du immer vorbereitet sein! Vielleicht sehen wir uns ja mal in einem meiner Vorträge und dann reagierst du chancenwach und schnappst dir bitte ganz schnell den Geldschein!

#82

Handle entschlossen!

Interessante Analogien zwischen Sport, Business und Privatleben sind mein persönliches Steckenpferd. Sehr interessant ist, was wir aus einem Fußballspiel zum Thema „Offensive“ herauslesen können, u. a. das Thema „Entschlossenheit“.

Wenn man sich die Top-Torjäger der letzten Jahrzehnte weltweit vor Augen führt, dann fällt eine Sache besonders auf. Die besten Torjäger sind in einem erheblichen Maße entschlossen, das Tor unbedingt erzielen zu wollen. Dabei fallen die meisten Tore durch lediglich ein bis zwei Ballkontakte dieser Torschützen in der Torabschluss-Situation. Ein Gerd Müller in den Siebzigern gilt bis heute immer noch als der Torjäger schlechthin, der den Ball meistens sogar mit nur einem Kontakt ins Tor reinwurschtelte. Doch auch Ronaldo, Messi und Lewandowski fackeln nicht lange. Sie sind, ganz abgesehen von ihren enormen fußballerischen Qualitäten, auch deshalb so erfolgreiche Stürmer, weil sie absolut entschlossen sind, den Ball rasend schnell ohne Umschweife im Tornetz zu versenken. Ihr Mindset ist auf das Gelingen der Handlung regelrecht programmiert. Die Wahrscheinlichkeit, dass am Ende der Handlung ein positives Ergebnis steht, erhöht sich mit Entschlossenheit, mit zweifelsfreiem Handeln.

Vielleicht kannst du aus dieser Qualität auch etwas für deine eigene Entschlossenheit mitnehmen. Denn häufig ist es doch so, dass wir zu oft hadern und zögern und eben nicht handeln. Eine Portion positiven Torjägerinstinkt können wir vor allem dann gut gebrauchen, wenn wir einige Dinge anders und neu auf den Weg bringen wollen.

Wie auch immer sich deine persönlichen Herausforderungen darstellen, ich wünsche dir eine bedingungslose Entschlossenheit, um griffige und starke Ergebnisse zu erzielen, wenn du sie benötigst.

#83

Aktiviere deine Eigenmotivation

Ein neues, ungewohntes Bild boten die Olympischen Spiele 2021 in Tokio. Ohne Zuschauer in den Wettkampfstätten, die doch gerade bei solch einem großartigen Ereignis nochmals eine ganz besondere Motivation für die Sportler:innen auslösen. Im Kampf um die Medaillen spielte somit die Eigenmotivation eine große Rolle. Wer ist in der Lage, sich aus sich selbst heraus so zu pushen, dass er oder sie die jeweils bestmögliche Leistung abruft?

So wie sich die Athletinnen und Athleten bei den Olympischen Spielen in Tokio aus sich selbst heraus zu Höchstleistungen motivieren mussten, wenn sie ganz oben auf dem

Treppchen stehen wollten, kennen auch wir die Situation der Selbstmotivation, wenn wir etwas für uns Bedeutsames erreichen wollen. Für diese Fälle habe ich drei Tipps für dich:

- Stelle dir ein positives Zielbild vor. Visualisiere das Endergebnis – stelle dir also bildhaft vor, wie du dein Ziel erreichst. Das Vorausdenken des Ergebnisses stärkt das Selbstvertrauen in dein Handeln.
- Versehe dein gedankliches Zielfoto mit Emotionen. Wie geht es dir damit, wenn du dein Ziel erreicht hast, wie fühlt sich das an?
- Entscheide dich für ein Symbol, eine Metapher, die dich auf deinem Weg bis zum Ziel begleitet. Das kann ein Tier, ein Idol, ein stärkender Ort oder auch etwas ganz anderes sein. Hauptsache, dein Symbol triggert dich so richtig an, um zu handeln und konsequent voranzumarschieren.

Ich wünsche dir, dass du deine Eigenmotivation vor allem dann besonders aktivierst, wenn es um deine Ziele geht und für dich wichtig ist.

#84

Sei dein eigener Coach

Jemand anderem einen Tipp, eine Empfehlung zu geben, damit er oder sie eine anspruchsvolle Herausforderung lösen kann, fällt uns leichter, als uns selbst sperrige Steine aus dem Weg zu räumen. Aber woran liegt das?

Neben der komfortablen Haltung, bei der Beratung anderer die Verantwortung nicht selbst tragen zu müssen, ist vor allem der fehlende Abstand zu sich der entscheidende Grund, warum wir uns mit Lösungen für uns selbst schwertun. Denn wenn und weil wir emotional mit uns verwoben sind, ist unsere sachliche Entscheidungsqualität oft erheblich beeinträchtigt.

Im Mentalcoaching mit den Profisportlern setze ich für diese Situationen die Methode des „Dritten Auges" ein, die von den Sportlern als außerordentlich hilfreich empfunden wird.

Sie üben dabei, sich selbst vor ihrem geistigen Auge zu sehen und sich Hinweise zu geben. Sie sind sozusagen ihr eigener Coach. Diejenigen, denen die Visualisierung, also die bildhafte Vorstellung ihrer selbst, nicht so leichtfällt, erhalten einen Joker. Sie gehen einfach einen Schritt zur Seite und blicken zu der Stelle rüber, an der sie kurz zuvor noch standen. Dann sprechen sie mit geografischem Abstand in Richtung dieser Stelle und sagen laut oder in Gedanken, was sie sich nun raten würden. Spätestens dann bekommen die meisten es auch hin, sowohl ihre Rolle als Coach als auch die Rolle des Klienten, des Coachees, einzunehmen.

Abgekürzt kannst du dir merken: Dein drittes Auge ist dein eigener Coach, den du immer dabeihast. Dein drittes Auge schaut auf dich und hilft dir, die entscheidende Frage zu beantworten: „Was würdest du dir jetzt selbst raten?" In jedem Fall wünsche ich dir einen guten Blick auf dich und viel Erfolg mit deinem dritten Auge.

#85

Entfalte dein Potenzial

Hast du dich schon einmal mit dem Thema Potenzialentfaltung beschäftigt? Ich meine – konsequent? In meiner Arbeit stelle ich immer wieder fest, dass dort nach wie vor unglaublich viel Potenzial brachliegt – und das ausgerechnet beim Thema Potenzialentfaltung. Schauen wir mithilfe von drei Schritten genauer hin:

- Freiraum: Um ein Potenzial überhaupt zu identifizieren, benötigt es Freiraum, um sich auszuprobieren. Freiraum, um scheitern zu dürfen und Interessen und Entwicklungschancen zu erfahren.
- Selbstvertrauen: Wenn ein Potenzial, das entfaltet werden soll, identifiziert ist, startet unmittelbar die Phase der Stärkung. Wir benötigen Selbstvertrauen, um ins Handeln zu kommen. Das kann durch guten Zuspruch, durch erste kleine Erfolge oder allein durch den Mut, Verantwortung für die eigene Entwicklung zu übernehmen, aufgebaut werden.
- Aktion: Ohne Handeln kommt nichts Neues in die Welt. Machen! Machen! Machen! Die besten in ihrem Genre, ob in der Musik, ob im Sport, im Business oder wo auch immer, handeln absolut konsequent, ihr Potenzial auch wirklich zu entfalten und bestmöglich zu nutzen. Sie sind

dabei superfleißig und hochgradig selbst an der eigenen Entwicklung interessiert, weil es anders sowieso nicht funktioniert.

Wenn auch du dein Potenzial entfalten und/oder andere darin unterstützen möchtest, dann denke daran: Freiraum, Selbstvertrauen und Aktion sind der Schlüssel!

#86

Priorisierung – dringend oder wichtig?

Die Menschen in unserer Gesellschaft haben viel zu tun. Bei den meisten steht Tag für Tag so einiges auf dem Plan. Wie wir bei all den Dingen einen guten Überblick behalten und unsere Zeit gut einteilen, möchte ich dir jetzt veranschaulichen.

Unsere Zeit teilen wir dann gut ein, wenn wir die richtigen Dinge tun. Hierbei haben wir zu unterscheiden, was dringend und was wichtig ist. Die meisten dringenden Dinge sind nämlich nicht wichtig – sie fressen aber die Zeit. Es geht also darum, unbedingt die wichtigen Dinge zu identifizieren. Oft hilft schon allein der Gedanke an diese Unterscheidung. Zum methodischen Priorisieren habe ich auch noch einen sehr konkreten Vorschlag: Unterteile deinen Tag in deine Tätigkeitsbereiche.

Für mich sind das beispielsweise Bereiche wie Coaching, Seminare, Kunden, Produkte, Personal, … Du wirst deine eigenen Bereiche haben. In diesen Bereichen hast du jeweils verschiedene Dinge zu tun, die du bitte aufschreibst. Jetzt hast du bereits eine gute Übersicht.

Lasse in der Mitte der Seite Platz für ein freies Feld. Das ist dein Fokusfeld!

Schaue dir nun alle Themen mit folgender Fragestellung an: Was ist von all den Themen wirklich wichtig? Die drei wichtigsten Themen ziehst du nun in dein Fokusfeld.

Und jetzt kommt der entscheidende Punkt. An diese Themen gehst du bis 11 Uhr ran.

Nochmals die drei wesentlichen Schritte:

1. Was ist von all deinen Tätigkeiten und Aufgaben, die du dir notiert hast, heute dringend und was ist wirklich wichtig?
2. Was sind dabei deine drei Fokusthemen?
3. Gehe an diese drei Fokusthemen am besten bis 11 Uhr ran.

Du wirst sehen, wie gut es tut, nicht nur beschäftigt, sondern effektiv zu sein.

#87

Emotionale Disziplin

Topsportler gelten als sehr diszipliniert. Jahrelang trainieren sie konsequent und hart für ihr großes Ziel. Ja, das stimmt! Jedoch inkludiert diese Diszipliniertheit aus mentaler Sicht viel mehr als Trainingsfleiß.

Ich spreche von emotionaler Disziplin. Topsportler sind in der Lage, ihre Emotionen zu steuern und können sich dadurch, wenn es darauf ankommt, im sogenannten „Moment of Need" fokussieren. Die Strategie ist an sich simpel: Mental starke Sportler halten sich von negativer Energie fern, lenken diese um oder parken Negatives ganz bewusst, bis ein guter Zeitpunkt besteht, sich ihm verantwortlich zu widmen.

Sowohl im Berufsleben als auch im privaten Alltag gibt es in dieser Hinsicht nicht nur in unserer Gesellschaft großes Entwicklungspotenzial. Es ist meistens eben nicht notwendig, auf andere Meinungen, eigene Missgeschicke oder Niederlagen mit einer emotionalen Eskalation zu reagieren. Vielmehr plädiere ich für Kritikfähigkeit, Flexibilität und für die Bereitschaft zu lernen. Natürlich gibt es auch bedeutende Momente, in denen eine konstruktive, emotionale Reaktion absolut angemessen ist. Keine Frage!

Dennoch – probiere es aus! Wenn du einen Konflikt hast, dir etwas misslingt oder sogar richtig um die Ohren fliegt, versuche es zunächst bewusst mit emotionaler Disziplin! Weiche gedanklich aus und lasse den negativen Kram einfach elegant an dir vorbeigleiten. Dann werde dir deines Learnings bewusst und handle entsprechend. Das stärkt deine Souveränität und deine innere Balance. Ich wünsche dir viel Gelassenheit, Freude und Erfolg beim Entwickeln und Einsetzen deiner emotionalen Disziplin.

#88

Orientiere dich an deinen Stärken

Wenn wir uns um unsere Entwicklung kümmern, stellt sich die Frage: „Was ist besser? Uns auf unsere Stärken zu fokussieren und auf diese zu stützen oder uns mit den Schwächen zu befassen und sie zu bearbeiten?"

Die Frage lässt sich nicht pauschal für alle beantworten, da es immer auf die jeweilige Situation ankommt. Allerdings gibt es eine sehr hilfreiche Transferinformation, insbesondere aus der mentalen Arbeit mit den Leistungs- und Spitzensportlern. Wenn wir dort über Potenziale sprechen, sind damit eben nicht nur – wie üblich – die Schwächen gemeint, sondern auch die Stärken. Das heißt, dass erfolgreiche Sportler sich nicht nur auf ihre Stärken stützen und sich auf diesen sozusagen ausruhen, sondern ganz gezielt daran arbeiten, diese unbedingt und permanent weiterzuentwickeln.

Im individuellen Fortschrittsanspruch besteht ein auffälliger Unterschied zwischen dem Sport und dem Berufsleben. Die häufigsten Fehler in Bezug auf Stärke, insbesondere im Berufsleben, sind Selbstgefälligkeit und Stillstand. Natürlich gibt es auch die Gegenbeispiele im Job. Die Tendenz ist jedoch leider wie eben beschrieben.

Wir alle tun gut daran, uns einzugestehen, dass selbst bei dem, was wir schon gut machen und können, höchstwahrscheinlich noch unglaublich viel Luft nach oben ist. In diese Entwicklungshöhen gilt es hineinzuschreiten – das funktioniert zunächst durch eine schonungslose Bestandsaufnahme und Selbstreflexion, aktives Einholen von kritischem Feedback und Ablegen von statischer Selbstgefälligkeit und Eitelkeit. So! Und dann wird gearbeitet und es geht weiter voran.

Es macht Spaß zu erkennen, welche Potenziale in uns stecken, und es macht noch mehr Spaß, diese konsequent zu nutzen. Dies gilt natürlich für unsere Schwächen, aber bitte auch für unsere Stärken. Mach etwas draus und hab viel Spaß beim engagierten Entwickeln.

#89

Was mentale Stärke bedeutet

Was ist mentale Stärke? Zunächst bedeutet das Wort „mental" so viel wie „den Geist oder das Denken betreffend". Man könnte auch vereinfacht sagen, ein mental starker Mensch denkt gut. Wie ist das gemeint?

Im Wesentlichen geht es bei mentaler Stärke um Selbstwirksamkeit. Wenn du selbstwirksam bist, dann denkst und handelst du deinen Überzeugungen entsprechend aus deiner eigenen Mitte heraus – du findest sozusagen statt. Im Detail heißt das, ein mental starker Mensch kennt seine Ziele und Überzeugungen und steht für diese ein. Er oder sie hat ein starkes Selbstvertrauen und einen hohen Selbstwert und kann mit Misserfolgen und Rückschlägen konstruktiv umgehen.

Mental starke Menschen treffen Entscheidungen, kehren Launen nicht nach außen und sind in der Lage, sich emotional selbst zu balancieren. Mental starke Menschen sind lösungsorientiert, optimistisch und dankbar für das Gute. Sie sind bereit, Verantwortung zu übernehmen, haben ein gutes Durchhaltevermögen und leben mit einer positiven Grundhaltung.

Die positive Grundhaltung ist in erster Linie eine Entscheidung. Eine Basisentscheidung, die uns niemand abnehmen kann. Wenn du deine mentale Stärke verbessern möchtest, entscheide dich unbedingt bewusst für eine positive Grundhaltung, vielleicht erstmalig oder eben nochmals neu. Im nächsten Schritt gehst du die anderen Punkte an, durchaus auch mit professioneller Unterstützung. Das hilft extrem, ist spannend und wird sich für dich lohnen!

#90

Anspruch an Entwicklung

Welchen Anspruch hast du an deine eigene Entwicklung? Die größten Versäumnisse finden diesbezüglich in Erfolgszeiten statt, daher sollten wir gerade dann besonders wachsam sein. Hierzu habe ich eine schöne Geschichte von einem Schach-Superstar für dich.

Der frühere Schachweltmeister Garri Kasparow wurde in einem Interview gefragt, ob er in seiner Karriere seine Partien immer nachgespielt habe. Natürlich habe er dies getan, antwortete er – alle Partien, denn selbst die Partien, die er gewann, hätten immer auch eigene Fehler beinhaltet. Und er könne sich an keine einzige Partie erinnern, die er ohne Fehler gespielt habe. Letztlich habe er die Partie auch nur deshalb gewonnen, weil der Gegner den letzten Fehler machte. Nur, was macht der Gegner, wenn er verliert? Er analysiert die Partie und versucht herauszufinden, was er (also Kasparow) denn möglicherweise vorher falsch gemacht habe.

Daher sei es so wichtig, den eigenen Fehler zuerst herauszufinden, um dann, wenn der Gegner ihn überraschen will, wieder einen Schritt voraus zu sein. Diese Strategie hat Kasparow über 20 Jahre in der absoluten Weltspitze gehalten, bevor er hoch anerkannt zurücktrat.

Vielleicht ist die Kasparow-Story ein guter Impuls, auch den Umgang mit deinen eigenen Erfolgen und den Anspruch an deine Entwicklung zu überdenken? Gute Erkenntnisse und Freude wünsche ich dir in jedem Fall dabei.

#91

Realitätsschock am Montag und die Erkenntnis daraus

Interessanterweise suchen montags die Bürger in Deutschland am häufigsten nach neuen Jobs. Der Realitätsschock ist anscheinend der stärkste Auslöser, sich nach besseren Alternativen umzuschauen. Dabei wäre es doch viel klüger, es gar nicht erst so weit kommen zu lassen und das Heft des Handelns früher, also präventiv in die Hand zu nehmen. Allerdings wissen tatsächlich die wenigsten Menschen, was sie beruflich wirklich wollen.

Wir benötigen Ziele, die uns faszinieren, Träume, Visionen und Jobs, für die wir jeden Tag gerne aufstehen, auch montags. Nicht nur im Job ist es wichtig, sich mit den eigenen Bedürfnissen und Zielen zu beschäftigen.

Spitzensportler sind vor allem deshalb erfolgreich, weil sie wissen, was sie erreichen wollen. Erst dadurch werden auch Chancen frühzeitig erkannt. Ein attraktives „Hin-zu-Ziel" ist übrigens immer kraftvoller als ein „Weg-von-Ziel". Somit nimm dir bitte unbedingt die Zeit, herauszufinden, was dir wichtig ist und was dein geeigneter Platz im Job sein könnte.

Schaffe Klarheit für dich, lasse dir dabei helfen, gegebenenfalls auch professionell, und komme ins Handeln. Häufig genügt am Arbeitsplatz ein offenes Gespräch, um gute Anpassungen im aktuellen Job zu initiieren. Sollte das trotz deines lösungsorientierten Mitwirkens nicht helfen, dann engagiere dich umso stärker für deinen neuen Weg, intensiv, stetig und warte nicht, bis wieder Montag ist. Es ist deine eigene Verantwortung und es steht dir auch zu! Ich wünsche dir in jedem Fall viel Erfolg und Freude für deine eigene Klarheit und dein Handeln.

#92

Setze dir hohe Ziele

„Das kann ich nicht, das schaffe ich nicht, das ist für mich nicht möglich." Viel zu schnell denken oder – noch schlimmer – sagen wir solche Sätze. Wir bewerten zu oft nach dem, was wir gewohnt sind und was mit Ergebnissicherheit verbunden ist. Deswegen werden hohe Ziele auch nur von sehr wenigen Menschen überhaupt definiert und von den wenigsten ernsthaft angestrebt.

Diese Bescheidenheit bei den eigenen Zielen ist jedoch zugleich eine Kombination aus Mangel an Kreativität, fehlendem Mut und zu geringer Misserfolgstoleranz, also der Bereitschaft zu scheitern.

Ich bin ein absoluter Fan von hohen Zielen. Warum? Der wichtigste Grund ist dabei für mich die Selbsterlaubnis, die eigenen Potenziale zu leben. Es gibt dafür großartige Beispiele aus dem Spitzensport. Ex-Schachweltmeister Garri Kasparow betonte: „Ich wollte nicht nur gewinnen und der Beste sein. Ich wollte mit großem Abstand der Beste sein." Zugegeben, mit Kasparow sind wir in der Eliteklasse der mentalen Champions League unterwegs. Aber wir können mit Sicherheit von jemandem wie ihm lernen, dass die Voraussetzung, etwas Großes zu schaffen, einen entsprechenden Anspruch und die Freiheit, es sich auch ernsthaft zu erlauben, erfordert.

Also traue dir etwas zu und gehe ganz bewusst einen Schritt weiter mit deinen Zielen. Das stärkt und befreit. Die gute Nachricht ist zudem: Was du als hohes Ziel ansiehst, definierst du selbst und reduzieren kannst du dies später immer noch ... oder vielleicht sogar erhöhen.☺ Du hast alle Freiheiten – mach was draus. Ich wünsche dir in jedem Fall viel Erfolg und Freude mit deiner Zielsetzung.

#93

Behalte den Zielfokus

Einige Menschen haben große Schwierigkeiten, sich auf ihr Ziel zu fokussieren. Erfolgreiche Sportler können das wiederum sehr gut. Was können wir von ihnen in dieser Hinsicht lernen?

Wenn sich Sportler auf ein Ziel griffig fokussieren, gibt es viele Aspekte, die dabei eine Unterstützung darstellen. Drei möchte ich hervorheben:

- Du benötigst ein Ziel, das du auch wirklich erreichen willst. Viele Ziele sind Alibi-Ziele oder welche, die dir von anderen gesetzt werden, hinter denen du möglicherweise nicht wirklich stehst. Du brauchst ein klares Ziel-Commitment. Sportler brennen für ihre Ziele.

- Oft bieten sich viele Optionen an und es wird keine Entscheidung getroffen. Natürlich gibt es immer viele Facetten und Angebote des Lebens. Aber eine Sache dominiert eben. Du solltest bereit sein, die vielen Alternativen, die anderen Möglichkeiten, die sich dir anbieten, radikal abzuwählen, wenn du es mit deinem Ziel ernst meinst. Viele Sportler haben diesen Tunnelblick und schreiten entschlossen nach vorne.
- Du hast deutlich größere Chancen, dein Ziel zu erreichen, wenn du bereit bist, dich unbeliebt zu machen, das heißt, dass du Entscheidungen triffst, die anderen nicht gefallen. Erfolgreiche Fußballer wechseln beispielsweise im richtigen Moment ihrer Karriere den Verein und nehmen in Kauf, dass sie viel Spott und Anfeindungen erhalten. Sie machen es aber trotzdem, weil sie natürlich auch nur diese eine Karriere haben.

Jetzt, wenn die hohen Ziele gesteckt sind und der Fokus gerichtet ist, geht es darum, deine Zweifel, Sorgen und vielleicht sogar Ängste zu überwinden und mutig zu sein. Doch wie genau funktioniert das? Hierzu habe ich eine spannende Geschichte für dich.

Eines Tages sprach meine sehr geschätzte Kollegin Anna mich an und meinte: „Michael, ich möchte dir mal von meinem Bungee-Jumping-Sprung berichten. Es ist schon einige Jahre her, doch die Erkenntnis, dass ich tatsächlich gesprungen bin, finde ich super und vielleicht ist das sogar etwas für deinen nächsten MONtivator". „Gerne Anna, das interessiert mich sehr, erzähl mal", sagte ich. Es sprudelte sofort aus ihr heraus: „Rückblickend weiß ich, dass ich einen enormen Respekt, und, um es ganz offen zu sagen, sogar regelrecht Angst vor dem Sprung hatte. Aber letztlich bin ich gesprungen und eine Sache hat mir dabei total geholfen." „Was war das?", fragte ich. „Ich habe einfach ganz bewusst in die Weite, in die Ferne geschaut und eben nicht in den Abgrund. Dadurch hatte ich das nötige Zutrauen, das hat mich erheblich bestärkt, wirklich zu springen."

Ich war sofort begeistert. Denn tatsächlich ist es eine wunderbare Metapher für viele herausfordernde Situationen im Leben. Du kennst es sicher auch, dass du einen für dich besonderen und vielleicht neuen Schritt wagen willst, dich je-

doch so sehr mit den etwaigen negativen Konsequenzen, mit all den vielen kleinen oder großen Barrieren und Abgründen beschäftigst, und diese schließlich so viel Raum einnehmen, dass du eben nicht handelst.

Was in solchen Momenten hilft, ist ein Zielmagnetismus, eben der Blick in die Ferne, in die Weite, so wie Anna es großartig gelöst hat. Probiere es aus! Es muss nicht immer gleich Bungee-Jumping sein, doch du wirst sicherlich jeden Tag Situationen erleben, in denen ein Zielmagnetismus dir hilft und dich stärkt, Hürden zu überwinden und den einen kleinen oder auch großen Sprung zu machen. Ich wünsche dir viel Freude und Erfolg dabei – happy jumping!

#94

Sei respektvoll

Die bis heute erfolgreichste deutsche Tennisspielerin, Steffi Graf, hat einmal gesagt: „Was man niemals verlieren sollte, ist der Respekt vor den anderen."

Insbesondere im Sport lassen sich durch das Charakteristikum „Respekt" sehr oft entwickelte Persönlichkeiten von nicht entwickelten Persönlichkeiten unterscheiden. Ein wesentliches Kriterium ist dabei, die Leistung eines anderen anzuerkennen, und zwar unabhängig von der Relation zur eigenen Leistung. Dies klingt nicht besonders anspruchsvoll, aber viel mehr Menschen haben damit Schwierigkeiten, als man glauben mag. Warum ist dies so, dass anderen etwas nicht gegönnt, geneidet oder geringschätzig kleingeredet wird? Weil die Person, die genau das tut, entweder eine nicht entwickelte Misserfolgstoleranz hat oder aufgrund eines ungesunden, negativen Konkurrenzdenkens es nicht akzeptieren kann, dass jemand anderes besser ist. Vor allem bei dem letzten Aspekt steckt meistens Minderwert dahinter.

Die wahre innere Größe und Stärke einer Person erkennt man oft im Zeitpunkt der harten Konkurrenz und der Niederlage. Erst kürzlich hat mir ein sehr junger Sportler gesagt, dass er es auf keinen Fall akzeptieren kann, zu verlieren. Wie anmaßend ist das denn? Was ist denn mit den Leistungen der anderen? Diese Sportler machen vielleicht auch das eine oder andere richtig, und zu lernen gibt es sowieso immer etwas. Interessant ist hingegen das große Entwicklungspotenzial des jungen Sportlers, der natürlich noch eine lange Entwicklungsreise vor sich hat.

Die Entwicklungsreise zum respektvollen Umgang hat Steffi Graf erfolgreich durchlaufen. Sie war bei den vielen Siegen, auch bei harten Niederlagen, die sie ebenfalls erlitten hat, stets respektvoll. Und nicht nur das macht sie zu einer großen Persönlichkeit. Ich wünsche auch dir eine respektable und zugleich ebenfalls respektvolle Entwicklung.

#95

Abwesenheit von Negativität

Um mental stark und in Balance mit sich selbst zu sein, arbeite ich mit meinen Klienten an den klassischen Kriterien wie Selbstvertrauen, Motivation, Vision und Fokussierung. Es gibt noch viele weitere Aspekte, die eine enorme Bedeutung haben, wovon einer jedoch viel zu selten angestrebt wird. Ich spreche von der Abwesenheit von Negativität. Wie ist das gemeint?

Ich möchte dich motivieren, ganz gezielt hinzuschauen, wer oder was in deinem Umfeld für dich immer wieder mit Negativität und toxischer Energie verbunden ist. Damit meine ich nicht echte Sorgen und wirklich begründeten Kummer von Menschen, die dir am Herzen liegen oder die dich aus berechtigtem Grunde selbst betreffen. Ich meine die Art und Weise, wie und über was Menschen sprechen und wie sie handeln. Bewerten diese Personen positiv, zumindest lösungsorientiert oder stehen permanente negative Beweisführung, Klagen und Jammern im Vordergrund der üblichen Kommunikation?

Es muss und kann selbstverständlich nicht immer alles Friede, Freude, Eierkuchen sein. Es darf jedoch gerne zumindest neutral sein und damit jegliche Form von Negativität so viel und oft wie möglich fehlen. Wenn unser Hirn im Negativitätspool unterwegs ist, dann hat das einen erheblichen Einfluss auf unser Nervensystem und unseren Energiehaushalt.

Schone deine Nerven und unterstütze deinen Energiehaushalt positiv durch deine Gedanken, deine Sprache, dein Handeln, dein Umfeld und setze auch bewusst Grenzen. Mental starke Personen übernehmen für ihre eigene Energiehygiene Verantwortung und machen genau das! Ich wünsche dir einen achtsamen Blick und viel positive Energie.

#96

Talent und Exzellenz

Wie wichtig ist Talent, um in einer Sache so richtig erfolgreich, also exzellent zu sein? Talent begünstigt den Erfolg. Es ist aber nicht das Wichtigste.

Der kanadische Journalist und Autor Malcom Gladwell[4] hat vor einigen Jahren herausgefunden, dass vor allem die Vielzahl der Stunden, die man sich intensiv mit einer Sache beschäftigt, der entscheidende Aspekt ist, um erfolgreich zu sein.

Nach seiner Recherche sind neben weiteren Kriterien vor allem mindestens 10.000 Stunden an Training, Engagement und Üben notwendig, um generell in die Exzellenz zu gelangen. Das erklärt natürlich auch, warum es absolut normal ist, dass ein Hobbysportler sehr viel mehr Fehler als ein Profi macht – egal in welcher Sportart. Es erklärt auch, warum ein

Musiker, der nur ab und zu übt, viel häufiger als ein echter musikalischer Virtuose mal einen falschen Ton anschlägt.

Ich finde, die Studienerkenntnis zur 10.000-Stunden-Regel hat zwei besonders positive Aspekte:

- Es ist völlig normal, dass wir Fehler machen und uns Dinge misslingen, wenn wir uns zu wenig damit beschäftigen. Stichwort: Misserfolgstoleranz!
- Es ist extrem ermutigend, dass durch Engagement auch ohne außergewöhnliches Talent doch Großes zu schaffen ist.

Wenn du eine Sache hast, in der du exzellent werden möchtest, dann ist das schon mal richtig viel wert. Denn viele Menschen haben überhaupt kein Ziel.

Wenn du Exzellenz anstrebst, dann achte darauf, dass du immer wieder aufs Neue begeistert bist. Wenn es dir gelingt, deinen Enthusiasmus zu entfachen und ihn durch neue Impulse stets hochzuhalten, dann hast du beste Chancen, die 10.000 Stunden zu knacken – und dann hast du eine großartige Grundlage, um exzellent zu sein.

#97

Was bringst du ein?

Wenn ich mit Teams als Coach arbeite, stelle ich gerne die Frage: „Was bringt du in dein Team ein?“ In der Regel blicke ich dann in fragende Augen. „Wie meinst du das?“, höre ich dann oft. „Na ja, wofür stehst du? Was ist dein größter Mehrwert für dein Team? Was bringt du ein? Wenn du es auf ein einziges Wort reduzieren würdest, welches Wort wäre das?“

Das ist gar nicht so einfach – und ich merke dann immer, wie stark es in den Köpfen rattert. Doch nach und nach entscheiden sich die Teammitglieder jeweils für ein Wort wie z. B. Optimismus, Kompetenz oder Kreativität. Jeder schreibt sein Wort auf ein gemeinsames großes Plakat, begründet es kurz und unterschreibt mit seinem Namen.

Was bringt das Ganze? Zunächst sind die Nennungen höchstwahrscheinlich positiv und/oder teamfördernd. Zum anderen schaffen sie Transparenz über den Fokus der einzelnen Personen im Team. Und wenn es mal knirscht, hat man ganz viele Spezialisten, die je nach Situation ihre selbst geäußerten Qualitäten dem Team gezielt zur Verfügung stellen können und auch sollen.

Ich habe diese Methode x-fach in Teams – in kleinen regionalen Teams, bei Profisportteams und auch in großen DAX-40-Unternehmen – angewandt. Der Erfolg ist absolut verblüffend.

Die „Was-bringt-du-ein-Methode" gibt Transparenz, stärkt und fördert das Team-Commitment – also das Bekenntnis zum Team! Genau das brauchen wir jetzt so sehr wie seit vielen Jahren nicht mehr – in den kleinen Teams wie in den Familien und auch im ganz großen Team, nämlich in unserer Gesellschaft. Daher überlege bitte gerne: „Was bringst du ein?"

#98

Gestaltungsfreude

Was unterscheidet die herausragend guten Sportler von den übrigen Sportlern und was können wir daraus für unser Leben im Alltag mitnehmen und lernen?

Ein bedeutendes Kriterium für Erfolg im Sport ist die kolossal unterschätzte Gestaltungsfreude. Und um die geht es in diesem Beitrag. Die besten Sportler basteln permanent selbst an ihrer eigenen Karriere und genau das kann vielleicht auch für dich ein wichtiger Impuls sein. Gestalterisch tätig zu sein, schafft Ergebnisse, stärkt das Selbstvertrauen, hebt die Stimmung und tut gut.

Um wirklich etwas zu wuppen, habe ich für dich eine dreistufige Empfehlung:

- **Gestalte etwas Haptisches,** d. h. irgendetwas, was du anfassen kannst. Das kann beispielsweise ein Heimwerkerprodukt oder eine festliche Dekoration sein.
- **Gestalte etwas Geistiges, Inhaltliches.** Wie wäre es, mal wieder einen Brief zu schreiben? An jemanden, der oder die dir etwas bedeutet. Oder wie wäre es, soziale und ökologisch wertvolle Projekte zu unterstützen? Oder schreibe dir deine Ziele für das nächste Jahr auf.
- **Gestalte dich selbst körperlich.** Bring dich körperlich voran, unabhängig davon, wo du stehst, und egal, wie groß der erste Schritt ist. Die Entwicklungsrichtung zählt. Dafür müssen wir nur anfangen. Mache ein Work-out zuhause, trainiere deine Muskulatur, sorge für Elastizität und Mobilität deines Körpers – so wie es für deine physische und auch emotionale Gesundheit vorteilhaft ist.

#99

Erfolg tut gut

Ich werde oft gefragt, ob wir Erfolg wirklich benötigen oder nicht einfach auch so zufrieden sein können.

Wenn du komplett erleuchtet bist, geht es vielleicht auch so – durch das bloße Sein an sich. Da die meisten Menschen jedoch noch nicht mal teilerleuchtet sind, hat Erfolg eine starke Bedeutung, da dieser guttut. Warum ist dem so? Erfolg ist definiert als „positives Ergebnis einer Bemühung". Der Erfolg belohnt daher für ein vorheriges Engagement. Es ist der Preis, den es zu gewinnen gibt, wenn du dich entscheidest, dich in einer Situation mit möglicherweise ungewissem Ausgang zu engagieren. Dein Mut, ein mögliches Scheitern aushalten zu müssen, wird belohnt; du erreichst etwas, das eine Bedeutung für dich hat und Anerkennung durch andere gibt es möglicherweise auch noch on top dazu. Die besonders gute Nachricht dabei ist: Was du als Erfolg definierst, entscheidest du selbst und dabei variieren die individuellen Maßstäbe je nach Perspektive und Anspruch erheblich. Es gibt kein richtig oder falsch, es ist immer eine Frage der eigenen Bewertung. Auch wenn ich sehr intensiv mit Spitzensportlern und Führungskräften im Business an ihren Entwicklungen arbeite, die stark ergebnisorientiert sind, so steht für mich persönlich ein Erfolg über allem.

Glücklichsein! Das ist die wertvollste und schönste aller Goldmedaillen, die es zu gewinnen gibt. Wie wir das machen, ist eine wunderbare, individuelle Detektivreise, für die es keine Standardroute gibt. Jedoch kommen wir durch die Erfahrungen und Learnings auf diesem Weg zumindest der Teilerleuchtung schon ein Stückchen näher. Ich wünsche dir in jedem Fall viel Freude und Erfolg bei deinem persönlichen Erfolgreichsein.

#100

Andocken an den Lebensstrom

Eine andere Frage, die mir immer wieder gestellt wird, ist diese: „Mit dem ständigen Vorankommen, Neue-Wege-Gehen und Ziele-Setzen – entsteht dadurch nicht ein Zielkonflikt mit dem Bei-sich-Ankommen und dem Leben im Jetzt?"

Das ist ein sehr interessantes Thema, denn bei sich selbst ankommen – das wollen sicher die meisten Menschen. Da könnte man erst recht meinen, dass permanente Aktivität und Zielsetzungen dem entgegenstehen. Ich sehe das jedoch nicht so und habe dazu eine klare Position. Bei sich anzukommen, bedeutet vor allem „Andocken an den Lebensstrom". Alles ändert sich immer. Somit ist es unverzichtbar, dass auch wir in Bewegung sind, uns entwickeln und uns ebenfalls kontinuierlich ändern, wenn wir echte innere Stabilität verspüren wollen. Das funktioniert nicht, wenn wir uns gegen für uns vorgesehene Lebensimpulse entscheiden. Vielmehr sollten wir darauf achten, dass wir den für uns richtigen Rhythmus des Lebens erkennen, spüren und entsprechend leben. Dadurch sind wir im Gleichklang und haben die sehr gute Chance, wirklich langfristig bei uns anzukommen. Oder glaubst du, dass es genau den einen Tag gibt, an dem du bei dir ankommst, und ab dann bleibt die nächsten Jahrzehnte alles genau so? Wir leben – es geht weiter und das ist wunderbar!

Welchen Rhythmus du leben willst, welches Tempo, welche Ruhe – das entscheidest du für dich selbst. Erst die Impulse des Lebens machen das Leben interessant, vor allem, wenn wir Neues entdecken und lernen und zugleich Gutes bestmöglich bewahren oder konstruktiv modifizieren. Ich wünsche dir von Herzen beste Impulse und ein sehr gutes Andocken an deinen Lebensstrom.

#101

Die Zukunft im Fokus!

Albert Einstein hat gesagt: „Mehr als die Vergangenheit interessiert mich die Zukunft, denn in ihr gedenke ich zu leben.“ Das gefällt mir sehr gut und dieser Spruch ziert mit einem Porträt von Einstein als einer von vielen „Inspirational Inputs“ eine Wand in unserer von Kunhardt Akademie.

Doch wie oft denken wir zurück, sinnieren und machen es uns unnötig schwer! Dann schießen uns die üblichen Hätte-/Wenn- und Aber-Sätze in den Kopf. Wir bedauern vielleicht manchmal unser Handeln, viel mehr jedoch unser Nichthandeln.

Mental starke Menschen haben die großartige Fähigkeit, die Chancen der Zukunft über die Versäumnisse der Vergangenheit zu stellen. Wenn wir nicht bewusst destruktiv agieren, entscheiden wir uns ohnehin immer entsprechend unserem jeweilig aktuellen Entwicklungsstatus.

Im Rückblick bietet sich immerhin die Gelegenheit, Dinge anders zu sehen, zu lernen und die gewonnenen Erkenntnisse beim nächsten Mal konstruktiv einzusetzen. Wenn wir dies auslassen, dann handeln wir schon wieder ungünstig für uns. Wenn jedoch aus einer hilfreichen Erkenntnis ein entsprechendes geeigneteres Handeln folgt, dann werden sich auch neue Chancen ergeben und Türen öffnen – das ist ein Lebensprinzip.

Stelle und öffne dich beherzt dem Leben und deiner Zukunft. In jedem Falle, solange du sie noch selbst gestalten kannst. Albert Einstein würde es sicher gefallen! Hab eine gute und gestaltungsreiche Zeit.

#102

Wachstum neu denken

Unserem Wirtschaftssystem liegt das Ziel „Wachstum“ zugrunde. Das hat uns in Deutschland einen hohen materiellen

Wohlstand beschert, der in vielen anderen Ländern der Welt nicht gegeben ist. Ist das nun gut oder schlecht? Wahrscheinlich sowohl als auch. Der Mensch an sich strebt jedenfalls nach Entwicklung. Das ist in Ordnung, sofern diese Entwicklung einen positiven Beitrag in der Welt ermöglicht. Das Ziel „Wachstum" sollten wir daher unbedingt verantwortlich modifizieren. Denn wir laufen aus wirtschaftlicher, ökologischer und auch sozialer Sicht an Grenzen, beziehungsweise haben diese bereits vielfach überschritten. Alternative Konzepte, wie z. B. die „Degrowth-Bewegung, schlagen eine Verringerung von Konsum und Produktion als Weg zu mehr sozialer Gerechtigkeit, ökologischer Nachhaltigkeit und Wohlbefinden vor. Auf was können wir verzichten, um beispielsweise die Umwelt zu entlasten? Und in welchen Bereichen können wir wachsen, um einen positiven gesellschaftlichen Beitrag beizusteuern? Ob Hilfe für bedürftige Menschen, mehr Freundlichkeit oder Respekt – die Möglichkeiten sind grenzenlos.

Es geht vor allem um die Umprogrammierung unserer individuellen mentalen Infrastruktur. Wenn wir diesen Switch für uns nicht nur vornehmen, sondern auch ins Handeln kommen, dann nutzen wir unsere Lebenszeit für einen positiven Beitrag. Und je mehr Menschen das tun, umso besser. Es ist absolut an der Zeit, umzudenken und verantwortlicher zu handeln. Jeder von uns kann sofort starten. Ich wünsche uns allen eine positive Entschlossenheit.

#103

Entscheidungsfreude 1 — Probier es aus!

Kennst du auch die Menschen, die sich mit Entscheidungen sehr schwertun? Oder fühlst du dich jetzt vielleicht selbst angesprochen? Was steckt dahinter, wenn jemand sich nur schlecht oder überhaupt nicht entscheiden kann? Es sind vor allem drei Aspekte:

- Wer sich entscheidet, hat immer eine Alternative. Sonst müsste keine Entscheidung getroffen werden. Diese Alternative wird durch die Entscheidung abgewählt, sie wird losgelassen, das bedeutet wiederum Verzicht.
- Eine Entscheidung zieht sehr oft eine Veränderung nach sich, das bedeutet meistens zumindest temporäre Unsicherheit.
- Damit eine Entscheidung für dich auch stimmig und gut ist, solltest du dich und deine Bedürfnisse gut kennen. Du benötigst sowohl ein gutes Selbstbewusstsein als auch ein gutes Selbstvertrauen, was wiederum beides bei vielen Menschen zu wenig ausgeprägt ist.

Erfolgreiche Menschen sind meistens entscheidungsstark. Ständiges Zögern, Hadern und Zweifeln hat noch niemanden wirklich nach vorne gebracht. Richard Branson, englischer Self-Made-Multimilliardär mit sportlich-sympathischem Abenteurer-Touch, hat seine Erfolgsregel gefunden. „Give it a try" – versuche es, ist einer seiner berühmten Slogans.

Entscheidungen transportieren Mut und Aktivität. Dadurch lebst du intensiver, lernst dich selbst und das Leben besser kennen. Das tut gut und stärkt. Zudem ist es hinreichend bekannt, dass wir im Leben eher die Dinge bereuen, die wir nicht gemacht haben. Daher „Give it a try" und versuch's mal – zumindest mit einer Entscheidung.

#104

Entscheidungsfreude 2 — Komm ins Handeln!

Wir können offen und bereit für eine Initiative und für Veränderung sein – letztlich müssen wir es aber auch machen. Mit dem Handeln tun sich viele doch wieder schwer. Gibt es aus mentaler Sicht einen Tipp, wie wir das besser angehen und auch ins Handeln kommen können? Ja, natürlich gibt es den. Doch zuvor haben wir etwas zu verstehen. Dem Handeln geht eine unverzichtbare Sache voraus, nämlich eine Entscheidung, ein Entschluss! Für etwas offen zu sein, ist das eine, den Entschluss zu treffen, ist das andere, und es wirklich zu tun, ist der finale Schritt.

Wenn du offen für etwas Neues bist, hast du im nächsten Schritt eine deutliche Entscheidung zu treffen. Dann stehen wir häufig genau an dem Punkt, an dem wir uns fragen: „Soll ich oder soll ich nicht?" Wir wägen hin und her ab, sind dadurch zum einen fein raus, weil wir uns weder gegen das eine noch gegen das andere entscheiden, kommen auf der anderen Seite jedoch nicht voran. Für genau diese Entscheidungen, die dir schwerfallen, weil sie meistens mit Unsicherheit und einer Abwahl von Alternativen belegt sind, hier ein weiterer Anschubser, ein weiterer Impuls-Satz, der von Richard Branson zum ermutigenden Entscheiden und Handeln genutzt wird. Ein inspirierender Appell, dass du dich schneller entscheidest und gleichzeitig ins Handeln kommst: „Give it a yes, give it a go!"

Jetzt ergänzen wir dazu noch etwas, das dich direkt pushen wird – und zwar für genau die Fälle, in denen du eigentlich willst, aber bisher eben nicht ins Handeln kommst.

Der ultimative „Richard-Branson-Michael-von-Kunhardt/Kombi-Satz" lautet: „If you don't know, if yes or no – give it a yes, give it a try, give it a go!"

#105

Deine Lebenszeit ist kostbar – nutze sie weise, ambitioniert und dankbar

Hast du dir schon einmal die Frage gestellt, wie alt du werden möchtest? Wenn du dein Wunschziel-Alter kennst, dann weißt du zumindest, wie viel Zeit dir in diesem Fall noch bleibt, um deine Wünsche und Träume zu leben. Wie in einem vorherigen Kapitel schon erwähnt, hat die australische Hospiz-Pflegerin Bronnie Ware in einem Buch zusammengestellt, was im Sterben liegende Menschen beim Rückblick auf ihr Leben am meisten bedauerten. Auf Platz 1: „Ich bedauere am meisten, dass ich nicht den Mut hatte, mein eigenes Leben zu leben." Auf Platz 2 und vor allem bei Männern landete: „Ich bedauere, dass ich zu viel Zeit in der Tretmühle des Arbeitslebens verbracht habe."

Um es noch klarer zu machen, führe dir den umgekehrten Fall vor Augen. Kannst du dir vorstellen, dass es Menschen gibt, die am Ende ihres Lebens feststellen: „Alles in allem war mein Leben ganz gut, ich hätte aber öfters im Büro sein sollen!"??? Wohl kaum!

Unser Leben ist begrenzt und kann so schnell vorbei sein. Wir warten und warten auf den besseren Zeitpunkt, verschieben und gönnen uns offensichtlich nicht, was wir eigentlich wollen, was uns ausmacht. Warum eigentlich nicht? Weil uns eben der Mut fehlt, dies zu tun, und auch die Kreativität und vor allem unsere eigene Erlaubnis. Es steht dir zu, so stattzufinden, wie du es dir wünschst.

Mentale Stärke hat sehr viel damit zu tun, sich selbst zu achten und die eigenen Bedürfnisse zu leben. Ich wünsche dir, dass du den Mut aufbringst, ab sofort dein Leben selbstwirksam zu leben – mit hoher Motivation und wunderbarem Wohlbefinden!

Anstelle eines Nachworts – dein Bonus-Impuls

Die 72-Stunden-Regel

Kennst du das? Du nimmst dir etwas vor, was du endlich mal machen, erledigen oder irgendwie in die Welt bringen willst. Und dann gehen die Tage ins Land und nichts passiert. Ich spreche von der „Aufschieberitis", der dazugehörige Fachbegriff lautet Prokrastination.

Warum fangen wir so oft nicht an? Zum einen, weil wir uns zu sehr mit den möglichen Nachteilen des Neuen anstatt mit den daraus resultierenden Vorteilen beschäftigen. Und natürlich sind Denken und Handeln zudem zwei grundverschiedene Aktionsbereiche. Erst das konsequente Zusammenführen von Denken und Handeln schafft Ergebnisse.

Ein sehr guter Weg, um wirklich ins Handeln zu kommen, ist die sogenannte 72-Stunden-Regel. Sie besagt, dass wir innerhalb von 72 Stunden starten sollten, irgendwie! Hauptsache, wir fangen an. Anders ausgedrückt besagt die 72-Stunden-Regel zugleich auch, dass, wenn wir unser Vorhaben nicht innerhalb von 72 Stunden angehen, wir es höchstwahrscheinlich danach überhaupt nicht tun werden.

Also: Wenn du dir etwas vornimmst, fang an, unbedingt – du hast 72 Stunden Zeit dafür! Das wäre ab jetzt? … rechne es Dir selbst aus ☺!

Viel Erfolg und Freude beim Anfangen
wünscht dir

Literatur

1. Eric Berne (2006): Die Transaktions-Analyse in der Psychotherapie. Eine systematische Individual- und Sozialpsychiatrie. 2. Aufl. Paderborn: Junfermannsche Verlagsbuchhandlung.
2. Vgl. https://de.wikipedia.org/wiki/Streitkultur (28.08.2022).
3. Michael von Kunhardt (2020): Mentalgiganten. Was wahre Stärke wirklich ausmacht. Frankfurt a. M.: Campus Verlag GmbH.
4. Malcolm Gladwell (2010): Überflieger. Warum manche Menschen erfolgreich sind – und andere nicht. München: Piper.

Bildnachweis

Cover © Christopher Eschenweck / Michael von Kunhardt
S. 22/25/45/66/80/91/102/111/116/163 © Fabian Pietsch
S. 30 © Steve Collender | Shutterstock 146358710
S. 39 © simona pilolla 2 | Shutterstock 1859750737
S. 41 © Khosro | Shutterstock 1620156745
S. 48 © mimagephotography | Shutterstock 2215443125
© Bea Kiss | Shutterstock 1591863283
S. 54 © Michael von Kunhardt
S. 57 © JR Frando | Shutterstock 1068605363
S. 76 © connel | Shutterstock 173741912
S. 128 © UfaBizPhoto | Shutterstock 696447913
S. 131 © Frost79 | Shutterstock 1928326490
S. 132 © MalikNalik | Shutterstock 2158571555
S. 150 © Jana Gontscharuk
S. 172 © Dikushin Dmitry | Shutterstock 2155999587
S. 175 © Marco Corso | Shutterstock 1772638868
S. 178 © Anna Stückel
S. 186 © Michael von Kunhardt
S. 189 © AlexandrMusuc | Shutterstock 2224614821
S. 190 © Grey82 | Shutterstock 602956547
S. 204 © Rebecca Hammer / Michael von Kunhardt

Rezensionen

”

Michael ist ein großartiger Förderer, der ein sehr feines Gespür für die individuellen Potenziale hat. Durch seine Klarheit und Erfahrung gelingt es ihm, seine Klienten zu unterstützen und in die Handlungsfähigkeit zu bringen. Ich danke ihm für so viele gute Impulse und den stets spannenden Austausch.

— Elisabeth „Lizz“ Görgl, Doppel-Ski-Weltmeisterin, Sängerin, Keynote-Speakerin

”

In Zeiten, in denen Menschen auf der Suche nach Orientierung sind, bietet Michael mit seinen montäglichen Impulsen im Radio diesen kurzen Moment, an dem wir das Alltags-Tohuwabohu unterbrechen und frische Kraft schöpfen. Die Sammlung dieser Impulse ist perfekt für diejenigen, die achtsamer durchs Leben gehen wollen.

— Andreas Holz, Programmdirektor Radio RPR1

”

Durch Michael habe ich so viel gelernt. Besonders dankbar bin ich für die vielfältigen wertvollen Impulse, die ich jeweils direkt nach unseren Sessions für mich einsetzen konnte. Ich bin wirklich froh, Michael begegnet zu sein.

— *Ana Dogonadze, Trampolin-Olympiasiegerin*

”

Durch Michael konnte ich nach meiner Karriere als Profifußballer viel über mentale Stärke, Motivation und Wohlbefinden lernen. Seit vielen Jahren bin nun sogar selbst Referent der von Kunhardt Akademie – ich bin dankbar für unsere professionelle und immer wertschätzende Begegnung und Kooperation.

— *Thomas Zampach, Ex-Fußballprofi & Potenzialentwickler*

Über den Autor

Michael von Kunhardt hat sich vor vielen Jahren die Frage gestellt: „Was will ich wirklich, was ist meine Berufung?“

Heute ist Michael von Kunhardt unter anderem bekannt als Mentalexperte aus dem Sat1-Frühstücksfernsehen sowie durch wöchentliche Radiobeiträge zum Thema Wolhlbefinden und Motivation, z. B. bei Radio RPR1.

Der Mentaltrainer von erfolgreichen Profisportlern, Nationalmannschaften und Olympiasiegern ist als stark gebuchter Redner und Coach zudem Impulsgeber und Entwickler für Führungskräfte zahlreicher DAX-40-Konzerne und mittelständischer Unternehmen.

Er ist Preisträger des Deutschen Speaker-Slam und zählt seit vielen Jahren zu den Top-100-Rednern bei Speakers Excellence und bringt seine Kompetenz als Jurymitglied bei nationalen und internationalen Speaker-Wettbewerben ein.

Seine besondere Authentizität erreicht Michael durch sein fortwährendes eigenes mutiges und engagiertes Wirken. Er ist als Hockeyspieler mehrfacher Deutscher Meister, Vizeweltmeister mit der Ü45-Hockey-Nationalmannschaft und gewann als Spieler WM-Bronze mit der Ü50- und Ü55-Hockey-Nationalmannschaft.

Der Gründer der „von Kunhardt Akademie“ macht Mut, Selbstverantwortung zu übernehmen und das Leben dankbar und aktiv zu gestalten.